AF216898

Immobilienverkauf entmystifiziert
Ein Makler teilt seine Insider-Tipps
für erfolgreiche Verkäufe
Sascha Oertel

So erreichen Sie uns:

Website:	www.oertelimmobilien.de
E-Mail:	info@oertelimmobilien.de
Telefon:	+49 (0)202 946 949 00
Linkedin:	www.linkedin.com / in / sascha-oertel-417030a1
Instagram:	www.instagram.com / oertelimmobilien

Sascha Oertel war ursprünglich Elektrotechniker, dann lange auf See. Heute ist er Ihr Wohlfühlmakler für Senioren – und seit 2018 erfolgreich in Wuppertal tätig. Oertel ist geschieden und hat zwei Kinder.

© 2024 Sascha Oertel · oertelimmobilien.de

Projektkoordination, Redaktionelle Unterstützung, Satz: branding-buch.de
Umschlaggestaltung: GuterPunkt, München

tredition GmbH, Halenreie 40–44, 22359 Hamburg
1. Auflage (Juli 2024)

Softcover 978-3-384-20683-1
E-Book 978-3-384-20684-8

Vorwort von
Christiane Karthaus

Liebe Leserinnen und Leser,

Makler, Immobilienmakler haben nicht immer den besten Ruf.

Bedingt durch meinen Beruf habe ich in der einen oder anderen Bearbeitung eines Mandats Immobilienmakler kennenlernen dürfen. Vielfach bestätigten sich meine Zweifel.

Umso mehr war es mir eine Freude, Herrn Sascha Oertel von der Firma Oertel Immobilien kennenlernen zu dürfen. Die Firma Oertel hat beispielhaft für eine Erbengemeinschaft das Hausgrundstück sehr gut verkaufen können. Die Mandanten waren äußerst zufrieden.

Dies lag sicherlich auch daran, dass sie jederzeit bei den Aktivitäten der Vermarktung mitgenommen wurden. Für die Mandanten war das Vermarkten ihrer Immobilie jederzeit transparent und nachvollziehbar.

Insofern kann ich bisher nur auf eine erfolgreiche Zusammenarbeit zurückblicken.

Sollten Sie eine Immobilie erwerben oder veräußern wollen, wird Ihnen dieses Buch sicherlich schon einmal eine große Stütze dabei sein, wie Sie sich richtig zu verhalten haben und worauf Sie achten sollten.

Ich wünsche Ihnen jedenfalls viele gute Anregungen!

Christiane Karthaus
Rechtsanwältin

Einführung

Donnerwetter.

Die Tür fiel ins Schloss und ich musste erstmal durchatmen. So etwas hatte ich noch nicht erlebt. Wie um alles in der Welt konnten meine Vorurteile nicht nur bestätigt, sondern noch überboten werden?

Was habe ich primär gefühlt? Eine Mischung aus Enttäuschung, Misstrauen und Wut. Verzweiflung, weil ich dasselbe nicht erneut mit anderen Maklern durchleben wollte. Auf jeden Fall empfand ich Frust.

Wir waren beide Mitte 30, als wir uns räumlich verändern wollten. Eine neue Bleibe sollte her, größer, mehr Platz, anders geschnitten. Mir fiel das nicht leicht, weil ich viel Herzblut in unsere damalige Wohnung gesteckt hatte. Als Elektrotechniker gingen mir die Arbeiten leicht von der Hand und wir hatten uns alle sehr wohl gefühlt. Mit der Zeit aber ändern sich Präferenzen und Ansprüche und ich neige dazu, Abenteuer und Herausforderungen magisch anzuziehen.

Also gingen wir auf die Suche nach einem neuen Zuhause und wollten einen Immobilienmakler zu Rate ziehen.

Einem Handwerksmeister wie mir kann man nichts vormachen. Obendrein war ich mehrere Jahre mit der Bundeswehr auf See und habe gelernt, mit den verschiedensten Persönlichkeiten auf engstem Raum klarzukommen. Dennoch hatte ich ein unwohles Gefühl, als ich verschiedene Maklerbüros anwählte. Konnte ich denen vertrauen? Würden die mich über den Tisch ziehen, die Wohnung unter Wert verkaufen? Viele Stunden werkelte ich an den verschiedensten Einrichtungsgegenständen … verscherbeln wollte ich keines davon.

Es kam, wie es kommen musste. Der Makler betrat unsere Stätte und zückte, ohne sich richtig vorzustellen, seine Polaroidkamera und schoss lieblos vier bis fünf Fotos. Dass er sich mit uns, einer Familie, als seinen Kunden befasste – Fehlanzeige. Wir schienen ein ›Fall‹ zu sein, keine Menschen, die ihre lang bewohnte und stets gepflegte Heimat verlassen wollten.

Ich weiß noch, wie ich mir gedacht habe: Das läuft genauso ab, wie ich es mir vorgestellt habe. Ein windiger Typ, der mit wenig Arbeit schnelles Geld verdienen will. Der Kunde wird hinten angestellt, der Makler sieht nur sich selbst und kassiert für Arbeitsschritte, die ich gar nicht richtig nachvollziehen kann.

Bei dieser Rückschau grinse ich, denn dieser Besuch hat dafür gesorgt, dass ich heute mit über zweihundert echten und zufriedenen Google-Rezensionen einer der gefragtesten Immobilienmakler in Wuppertal und Umgebung bin. Die damals erlebte Situation hat mir einen solchen Schrecken eingejagt, dass ich mir schwor, meine Kunden niemals so zu behandeln, wenn ich jemals als direkter 1:1-Dienstleister arbeiten würde. Das war zu dem Zeitpunkt lange nicht absehbar, aber ich habe dieses Erlebnis und meine Empfindungen dabei bis heute nicht vergessen.

Für meine Firma sind unsere Kunden vor allem Menschen, die ein persönliches Ziel haben und ›betreut‹ gehören, Senioren zuvorderst. Hinter jeder Immobilie, die sie kaufen oder verkaufen wollen, steht eine Geschichte, die ich ansatzweise verstehen möchte. Unsere Dienstleistung soll nicht ›hingekleckert‹ werden, sondern wir möchten dienen und einen echten Mehrwert bereitstellen – vor und nach dem Kauf und währenddessen.

Ich habe selbst erlebt, was da draußen los ist, und weiß, warum viele seufzen, wenn der Makler klingelt. So soll sich niemals wieder jemand fühlen müssen. Ich will zeigen, dass ein Makler einen Wert schafft für beide Seiten, den Käufer und den Verkäufer. Meine Vision ist, Menschen zu zeigen, dass und weshalb sie einen Makler brauchen: Weil wir richtig ›geilen Schei*‹ machen.

Bis wir unser Ziel erreicht haben, ist viel Arbeit zu verrichten. Wir beginnen mit einer Beratung, der Kunde bringt seine Vorstellungen mit. Wir müssen das Objekt und die dahinterstehenden Menschen verstehen. Am Schluss verkaufen wir zwar eine Wohnung, ein Haus oder ein Grundstück, aber darin haben Menschen gewohnt, Familien, teils über Jahrzehnte. Sie vertrauen uns ein Stück ihres Lebens an. Die Lebensumstände gleichen einem bunten Strauß: Manchmal ist der Partner oder der Vater gestorben, das Grundstück ist zu groß oder zu klein, die Parteien wollen umziehen, Kinder sind raus oder wieder da – Faktoren, die auf die verkaufende Person einströmen. Und jetzt kommt ein Makler, der einfach nur die Türe aufschließen will? Das passt nicht. Der Immobilienverkauf soll eine schöne und auf allen Ebenen *lohnenswerte* Angelegenheit sein – das muss jemand machen, der sein Handwerk versteht, Erfahrung hat und das notwendige Herzblut in die Sache steckt.

Immobilienverkauf entmystifiziert ist keine Werbebroschüre für mein Maklerbüro. Vielmehr möchte ich Sie mit dem vorliegenden Werk auf unterhaltsame Weise informieren und einen Einblick in unseren Berufsalltag gewähren. Wenn Sie Ihr Haus verkaufen möchten oder mit dem Gedanken spielen, dies in ein paar Jahren zu tun, wird die Lektüre wertvoll für Sie sein, denn ich mache auf Stolpersteine aufmerksam und zeige Taktiken, mit denen diese umgangen werden können. Ich entmystifiziere den Verkaufsprozess und ermögliche Ihnen eine klare Sicht auf alles, worauf es beim Immobilienkauf wirklich ankommt. Anhand des ein oder anderen Fallbeispiels führe ich Sie auf lockere Weise durch die einzelnen Abschnitte des Hausverkaufs und gewähre zudem einen Blick ›hinter die Kulissen‹. Alles garniert mit unterhaltsamen Anekdoten aus dem echten Leben.

Hier nur mal ein paar Fragestellungen, die sich ergeben können: Vielleicht verfügen Sie über einen Schwarzbau?

Wahrscheinlich ist das nicht, aber *möglich* wäre es. Sind alle Genehmigungen vorhanden? Welche Unterlagen benötigen Sie und wie wird der Preis Ihrer Immobilie ermittelt? Möglicherweise sind Sie überrascht, wie heftig ein Streit werden kann, wenn Sie über eine geerbte Immobilie diskutieren müssen.

In diesem Sinne fungiere ich nicht mehr nur als Immobilienmakler, sondern als Seelenklempner, Mediator, Rechtsgehilfe und Vermögensberater. Denn wenn Sie ein Grundstück erben, eine Scheidung hinter sich haben oder sich, um zu den schönen Seiten des Lebens zu kommen, mit Ihrer Familie vergrößern oder vor einem anderen Hintergrund Ihre bisher genutzte Immobilie veräußern möchten, sollten Sie sich in kompetente Hände begeben, die Sie beraten, Ihnen die Arbeit abnehmen und Sie über jeden Schritt transparent aufklären.

Lesen Sie dieses Buch, um zu erfahren, wie Sie einen guten von einem exzellenten Makler unterscheiden und wenn Sie wissen möchten, wie Sie den für sich passenden Fisch aus dem Angebotsmeer herausfischen können.

Viel drin also.

Beginnen wir mit den Grundlagen: Wer ist beteiligt, wenn ein Kauf über die Bühne gebracht werden soll?

Alles Gute für die Lektüre und für Ihre Immobilie –

Ihr Sascha Oertel

Wer tut was beim Immobilienkauf?

Bevor wir ans Eingemachte gehen, müssen wir wissen, mit wem wir es in welchen Rollen zu tun haben. Wie beim Bau eines Hauses blicken wir auf das Fundament, die Grundfesten, ehe wir uns an die Verästelungen begeben. Die Immobilienbranche ist von einer Vielzahl von Personen und Institutionen geprägt und nicht immer treten alle Akteure gleich stark in Erscheinung.

Grundsätzliche Akteure

Der **Verkäufer**, auch **Eigentümer** genannt, ist die zentrale Figur, ohne ihn wird niemand anderes tätig. Er hat das Recht zu entscheiden, *ob* und *zu welchen Konditionen* er seine Immobilie verkaufen möchte. Es liegt in *seiner* Verantwortung, die Immobilie in einem verkaufsfähigen Zustand zu halten, relevante Unterlagen bereitzustellen und die Vermarktung zu unterstützen. Der Verkäufer kann eine Privatperson, eine Familie, eine Erbengemeinschaft oder ein Unternehmen sein, also eine juristische Person.

Die **Interessenten**, die später zu **Käufern** werden, bilden die zweite wichtige Gruppe. Ohne Käufer kein Verkauf. Ein Interessent kann eine Einzelperson sein, ein Pärchen, Familien oder Investoren. Auch hier ist mit einer Firma wieder eine juristische Person denkbar. Ein Interessent holt sich Informationen ein, besichtigt die Immobilie und prüft den Wert anhand des Preises und der gegebenen Bedingungen. Der Makler identifiziert den Interessenten, versteht seine Anforderungen und hilft bei der Entscheidungsfindung.

Der **Makler** spielt eine wichtige Rolle und ist die erste Anlaufstelle für den Eigentümer. Er vermittelt zwischen Verkäufer und Interessenten und begleitet den Kaufprozess. Mit fundierten Marktkenntnissen bewertet er die Immobilie, erstellt ein Exposé, organisiert Besichtigungen und führt die Verhandlungen – all das, was wir im weiteren Verlauf dieses Buchs genauer beleuchten werden. Er bleibt während des gesamten Prozesses der Hauptansprechpartner für den Eigentümer. Er fungiert als Bindeglied zwischen Eigentümer und Interessenten, wobei er je nach Vereinbarung sowohl die Interessen des Verkäufers als auch des Käufers vertritt. In Fällen, in denen eine *Innenprovision* vereinbart wurde, arbeitet der Makler ausschließlich im Interesse des Verkäufers.

Diese drei Akteure bilden das Grundgerüst. Und dann gibt es noch weitere Akteure, die beteiligt werden müssen, weil es entweder der Gesetzgeber vorsieht – oder der Kauf ohne sie nicht über die Bühne gebracht werden könnte.

Nebenakteure

Der **Notar** ist eine unabhängige und neutrale Person, die den rechtlichen Rahmen des Immobilienverkaufs sicherstellt. Er erstellt den Kaufvertrag gemäß den gesetzlichen Anforderungen. Außerdem verifiziert er die Identität der beteiligten Parteien, überprüft die Eigentumsverhältnisse und kümmert sich um die rechtmäßige Übertragung des Eigentums. Der Notar dient sowohl dem Verkäufer als auch dem Käufer als Ansprechpartner und gewährleistet eine rechtskonforme und sichere Abwicklung.

Die **finanzierende Bank** ermöglicht dem Käufer die Immobilienfinanzierung. Sie prüft seine Bonität, bewertet das Objekt als Sicherheit und stellt die erforderlichen Mittel zur Verfügung. Außerdem spielt sie eine wichtige Rolle bei der Bereitstellung des Kreditrahmens, der Zinsvereinbarung und der Kreditabwicklung. Die Bank arbeitet mit dem Käufer, dem Makler und dem Notar zusammen.

Besondere Anforderungen und Konfliktpotenzial

Nicht immer sind alle Akteure gleichermaßen beteiligt. Beim **Katasteramt** zum Beispiel werden Unterlagen wie Vermessungen oder Informationen zu Altlasten besorgt. Das Amt prüft, ob es Altlasten gibt oder das zu verkaufende Grundstück von Erschließungskosten betroffen ist. Manchmal tritt auch der Fall ein, in dem eine handelnde Person nicht mehr handlungsfähig ist. In solchen Fällen wird ein gesetzlicher Vertreter bestellt, mit dem die Schritte erneut durchgegangen werden müssen.

Ein weiteres Beispiel sind **Erbpachtgeber** und **Erbpacht-nehmer**, die in einigen Regionen, wie zum Beispiel Dortmund oder Lübeck, eine relevante Rolle spielen können. Sogar die Kirche kann als Erbpachtgeber auftreten.

Wenn es um Erbschaften geht, liegen oft Spannungen in der Luft. Die verstorbene Großmutter hinterlässt ihr Haus – aber wem zu welchen Teilen? Manchmal wollen die Erben das Haus veräußern, was zu Interessenskonflikten führt. In solchen Fällen können ein **Amtsgericht**, das **Nachlassgericht**, **Rechtsanwälte** oder ein **Mediator** hinzukommen. Manchmal benötigen die Erben kommunikative Unterstützung und Hilfe bei der Zusammenarbeit, und auch Behörden wie das **Bauamt** oder das **Grundbuchamt** spielen eine Rolle.

Apropos Erbschaft. In einem weiteren Erlebnis erinnere ich mich an eine Rechtsanwältin, die mir eine Immobilie auf dem Silbertablett servierte, ein ›Leckerbissen‹, der von einer Erbengemeinschaft bereitgestellt wurde. Mit Vorfreude und Routine nahm ich den Fall an, schließlich saß ich als Immobilienmakler oft genug an solchen Verhandlungstischen.

Mit ein paar Mitgliedern der Erbengemeinschaft um den Tisch versammelt, erklärte ich ihnen meinen Arbeitsansatz und zeigte ihnen auf, wie wir gemeinsam dieses Immobilienrätsel lösen würden. Wie es das Schicksal will, waren die Erben weit und breit verstreut, einige sogar außerhalb unserer lokalen Grenzen. Dank einer bemerkenswert eloquenten Dame, die als ›Sprachrohr‹ fungierte, konnten wir die Distanzen überbrücken.

Es war kein leichtes Unterfangen, den gewünschten Preis für die Immobilie mit den Erben zu verhandeln. Erst nach längerer Diskussion einigten wir uns auf einen realistischen Preis, den ich auf dem Markt erzielen könnte. Dann aber trafen wir auf das ›Monster‹ der Bürokratie: den Erbschein. Zwar wussten wir, wer die offensichtlichen Erben waren, aber es gab einen Haken. Eine zusätzliche Erbin, eine unbekannte Tochter oder Cousine, war aufgetaucht. Eine Familien-DNA wie ein Überraschungsei.

In der Zwischenzeit führte ich weitere Besichtigungen durch, arrangierte eine Finanzierung für einen potenziellen Käufer und war ständig auf Abruf. Als ich nach dem Erbschein fragte, wurde mir mitgeteilt, dass das Notariat noch nicht einmal mit dem Prozess begonnen hatte! Man könnte sagen, es war, als würde man hungrig in einem Restaurant warten und erfahren, dass der Koch nicht einmal den Teig angerührt hat …

Das Problem lag darin, dass das Notariat überlastet war und den Prozess nicht beschleunigen konnte. In der Hoffnung auf eine schnellere Bearbeitung wechselten wir das Notariat und starteten den ganzen Prozess von vorne. Es vergingen weitere drei bis vier Monate, bis alles geklärt war.

Die Moral von der Geschicht'? Wenn man mit einer Erbengemeinschaft zu tun hat, insbesondere mit unbekannten Verwandten, ist es besser, dass alle Vorgänge unter unserer direkten Aufsicht stehen.

Falls wir in Zukunft wieder in eine solche Situation geraten, würden wir so sicherstellen, dass wir die Kontrolle über die Situation behalten.

Ziemlich viel los also! Diese Vielfältigkeit entfachte einst meine Leidenschaft. Jede Immobilie ruft verschiedene Akteure auf den Plan, stets ein buntes Treiben, das ich mit vollem Einsatz begleite.

Die Wichtigkeit des Immobilienmaklers

Den Immobilienmakler vergleiche ich gern mit dem Torwart einer Fußballmannschaft. Unterläuft ihm ein Fehler, hat das Auswirkungen und er wird zum ›Buhmann der Nation‹. Spielt er jedoch fehlerfrei und ›zu Null‹, bekommt er dafür keine außerordentliche Anerkennung. Das beschreibt auch mein Verständnis von unserer Tätigkeit: Wir möchten, dass sich unsere Kunden möglichst wenig mit den Details befassen müssen und dass alles glatt läuft.

Das Geheimnis guter Dienstleistungen

Im Laufe einer langjährigen Karriere als Immobilienmakler erlebt man Höhen und Tiefen. Und dieser Fall war tatsächlich einer, der mir nah ging. Auch wenn es mit neunundneunzig Prozent unserer Kunden reibungslos verläuft, gibt es Ausreißer, über die ich in diesem Buch sprechen möchte. Denn manchmal lässt sich durch Fehlverhalten gut lernen. Beginnen wir grundsätzlich: Was macht einen guten Dienstleister aus?

Dienstleistungen sind das Schmieröl einer Gesellschaft. Menschen lieben es, etwas für andere Menschen zu tun, einen »Dienst zu erweisen«. Nicht umsonst erfreuen sich Berufe, in denen ein Dienst am Menschen geleistet wird, großer Beliebtheit. Auch betriebswirtschaftlich ist eine gute Dienstleistung das Rückgrat eines erfolgreichen Unternehmens sowie ein Schlüsselfaktor für die Kundenzufriedenheit und die langfristige Bindung. Sie geht über das bloße Erfüllen eines Auftrags hinaus – und fängt auch weit vorher an.

Was für mich eine gute Dienstleistung ausmacht, gebe ich folgend anhand von Konzepten und Ideen wieder. Keine starren Regeln, sondern eine Orientierungshilfe.

99

Manchmal muss man Dienstleistern ja hinterherrennen. Bei Herrn Oertel haben wir eigentlich immer gewusst, was jetzt als nächstes zu tun ist, insbesondere weil wir das gerade zum ersten Mal machen. Es war sinnvoll, dass immer wieder nachgefragt wurde, angerufen wurde, immer wenn was passieren musste, ist das wirklich auch zeitnah angesprochen worden. Das hat mir gut gefallen.

Wer gibt, gewinnt

Ich mag Reziprozität. Das heißt: Ich gehe als Dienstleister in Vorleistung und setze damit eine Dynamik in Gang, in der ich auch etwas zurückerhalten werde.

Ruft mich ein Interessent an, ist dieser in den meisten Fällen unbefleckt und kennt sich in der Materie nicht aus. Er hofft, einen Dienstleister zu finden, der seinen Kompetenzvorteil nicht ausnutzt, sondern eine Partnerschaft arrangiert, bei der sich auf *Augenhöhe* begegnet wird. Mein Credo: Ich *nehme* nicht – ich *gebe* erstmal.

Erst zuhören, dann reden

Ich kann dem anderen nur *dann* ein guter Dienstleister sein, wenn ich verstehe, was ihn motiviert. Dieses Verständnis ergibt sich in erster Linie durch Zuhören. Das macht mich zu einem besseren Dienstleister, weil ich seine Belange *wirklich* nachvollziehen kann – und vor allem auch die Motive *hinter* den Belangen.

Vertrauen ist alles

Verkaufen geht nur über Vertrauen. Ohne Vertrauen – kein Geschäft, egal, welche Art von Leistung ausgemacht ist. Sobald sich eine der Parteien nicht sicher sein kann, dass die andere Seite ihren Anteil der Abmachung einhalten wird, wird der Abschluss gar nicht oder nur unter Vorbehalt zustande kommen.

Respekt gegenüber der Zeit

Unvorhergesehene Wendungen sind mit eingepreist und kein Weltuntergang, solange sie transparent und ehrlich kommuniziert werden. Diese beiden Werte bringe ich nicht aus Selbstzweck oder aus einer moralischen Überhöhung heraus ins Spiel, sondern sie sind damit verknüpft, dass man die Zeit des anderen respektieren sollte. Wenn ich den Kunden tagelang warten (und damit *hängen*) lasse, verrät das nicht nur mein Verständnis, sondern lässt auch tief blicken, wie ich mit der Zeit meiner Kunden umgehe. Dasselbe gilt umgekehrt.

Beide Seiten profitieren

Aus meiner Zeit auf See nahm ich mit, dass man immer wieder mit Menschen zusammengebracht werden kann, die man nicht einschätzen kann und bei denen es wichtig ist, die Chemie abzustecken und auch die Interessen. Nur wenn beide bekommen, was sie wollen, ist ein zufriedenstellender Ausgang möglich. Es gibt das Vorurteil, dass Makler gerne auf ihre eigene Haben-Seite schauen und sich ihre Kunden so biegen, dass diese verdeckt benachteiligt werden – sei es auch nur durch Kleinigkeiten.

Ich bin fest davon überzeugt, dass ich am Ende das bekomme, was ich möchte, wenn ich meinen Kunden das gebe, was sie möchten. Win-Win. Wenn *beide* Seiten hinterher sagen, dass sich die Zusammenarbeit gelohnt hat, war es ein guter Deal. Die andere Seite erhält Geld für ihre Arbeit – ein Thema, auf das ich noch gesondert eingehen werde.

*

Bahnt sich eine Kundenbeziehung an, höre ich in erster
Linie zu und mache mir Notizen. Ich sondiere die beteiligten Interessen. Was ist der Stand des Interessenten?
Welche Kenntnisse oder anderen Vertragspartner bringt
er mit, welche Wünsche hat er? Kann ich ihm liefern, was
er sucht?

Manchmal gebe ich dem Interessenten bereits im Erstgespräch wichtige Sachen an die Hand, eine erste Einschätzung etwa oder eine Annäherung zur Einwertung – und
so weiter. Dann gibt es Bedenkzeit, und wenn beide
Seiten ausgelotet haben, ob und inwiefern das, was der
andere möchte, gegeben werden kann, kommt es zu einer
Zusammenarbeit.

Bezahlt wird unsere Seite erst, nachdem wir am Ende beim
Notar waren. Der Weg bis dahin ist also von Vertrauen
geprägt.

*

Für mich sind Dienstleistungen eine Herzensangelegen-
heit. Ich gehe gerne die Extrameile und besonders gerne,
wenn ich merke, dass diese anerkannt wird. Es geht dabei
beispielsweise um das Antizipieren von Hürden oder die
›Nachsorge‹, wann immer der Kunde auch später noch
eine Betreuung oder weiterführende Beratung braucht.

Sind Sie pünktlich?

Im Zusammenhang mit Dienstleistungen in der Immobilienbranche wollen wir gewisse grundlegende Werte respektieren und einhalten. Dazu gehören Pünktlichkeit, Vertrauen und die Fähigkeit, effektive Kommunikation zu führen. Dies wird besonders deutlich, wenn ein Besichtigungstermin vereinbart und digital kommuniziert wird. Alle Beteiligten sollten ihre Verpflichtungen einhalten und die Wertschätzung für die Zeit und den Aufwand des Gegenübers aufbringen.

Selten gibt es Fälle, die weniger gut verlaufen. Käufer versuchen, den Preis zu drücken, obwohl alles bereits abgemacht ist. Manchmal ziehen sie sich komplett zurück und stellen fest, sie hätten es sich anders überlegt. Das wird in unserer Branche nicht gern gesehen; ein vereinbarter Vertrag sollte *eingehalten* werden.

Die Bezahlung der Dienstleistung kann individuell variieren. Bei Immobilienmaklern wird die Provision in der Regel von beiden Parteien, also sowohl vom Verkäufer als auch vom Käufer, getragen. Wenn eine Innenprovision vereinbart wurde, trägt ausschließlich der Verkäufer die Kosten. In Deutschland gelten bestimmte Provisionssätze, die je nach Bundesland variieren.

In Nordrhein-Westfalen beispielsweise beträgt der aktuelle Satz für wohnwirtschaftliche Gebäude drei Prozent plus Mehrwertsteuer, wobei Käufer und Verkäufer sich die Kosten teilen.

Eine weitere Frage betrifft die Qualität und den Umfang der Dienstleistung. Sie umfasst viele Aspekte, darunter das Akquirieren von Interessenten, die Beratung, die Bewertung der Immobilie und die Durchführung einer Marktanalyse. Hierbei werden Bewertungsverfahren wie das Sachwert-, Vertragswert-, Ertragswert- und Vergleichswertverfahren angewendet.

Die Ergebnisse der Bewertung werden dem Kunden präsentiert und die Immobilie entsprechend eingeschätzt. Der ermittelte Verkaufspreis wird dem Kunden als bestmöglicher Preis erklärt und begründet.

Nach Vertragsabschluss beginnt das rechtliche Prozedere. Alle Unterlagen müssen zusammengetragen werden, wobei der Makler auch Behörden und Versicherungen kontaktiert und die erforderlichen Nachweise beschafft.

Zusätzlich wird ein detailliertes Exposé erstellt, das die wesentlichen Daten und Fakten der Immobilie enthält und sie hervorhebt. Manchmal wird auch ein 360-Grad-Scan angefertigt, um potenziellen Käufern einen virtuellen Rundgang zu ermöglichen. Dieser Service ist besonders nützlich, um unnötige Besichtigungstermine zu vermeiden und sowohl für den Makler als auch für den Kunden Zeit zu sparen.

Sobald das Exposé erstellt und mit dem Verkäufer abgestimmt ist, wird es online gestellt und Interessenten können darauf aufmerksam werden.

Nachdem sie ein digitales Exposé erhalten haben, können sie eine Online-Besichtigung durchführen und anschließend einen Termin für eine tatsächliche Besichtigung vereinbaren. Nach Abschluss der Vertragsverhandlungen findet die finale Übergabe der Immobilie statt.

Jeder Kunde bewertet die Kosten und den Nutzen einer Dienstleistung auf seine eigene Weise.

Manche Verkäufer haben vielleicht nicht die Zeit oder das Wissen, um alle Schritte allein durchzuführen und benötigen einen Makler, der den gesamten Verkaufsprozess übernimmt.

Andere fühlen sich in der Lage, ein Exposé zu erstellen, haben aber Schwierigkeiten bei der Preisverhandlung. Daher kann die Bezahlung für die Dienstleistung variieren.

Unabhängig von den spezifischen Anforderungen eines Kunden sollte ein Makler immer in der Lage sein, die gesamte Bandbreite seiner Dienstleistungen anzubieten und den Verkaufsprozess professionell zu begleiten.

Der Schlüssel zum Erfolg

In Dortmund hatte ich mal die Ehre, ein bezauberndes Zweifamilienhaus zu verkaufen. Es war ein Generationenhaus, das die Geschichte von zwei Familien und ihren miteinander verwobenen Leben erzählte. Der Hauptakteur war ein geschiedenes Ehepaar, das im Haus lebte, die Frau und ihre Tochter im Obergeschoss, während die Großmutter im Erdgeschoss residierte. Diese arrangierte Wohnsituation ging so lange gut, bis der Ex-Mann beschloss, das Haus verkaufen zu wollen.

Skeptisch trat ich in diese emotional aufgeladene Situation ein. Mein erster Besuch war wenig angenehm, da ich gegen den Wunsch der Frau das Haus verkaufen sollte. Aber mit der Zeit und nach mehreren Gesprächen gelang es mir, das Eis zu brechen und das Vertrauen aller Beteiligten zu gewinnen.

Kurze Zeit später trat die ›perfekte‹ Käuferfamilie auf den Plan, eine Familie mit Großeltern, die sich Hals über Kopf in das Haus verliebten. Die Verhandlungen verliefen problemlos und wir hatten alle Details für den Notartermin festgelegt. Es war davon auszugehen, dass das Ehepaar, das jeweils zur Hälfte im Grundbuch stand, den Erlös gleichermaßen teilen würde, damit jeder einen Neuanfang machen konnte.

Dann aber kam es zum Twist. Zwei Tage vor dem Notartermin rief der Ex-Mann an und änderte die Spielregeln.

Anstatt das Geld mit seiner Ex-Frau zu teilen, wollte er einen größeren Anteil des Gewinns und bestand darauf, dass ein Teil des Erlöses an ihre gemeinsame Tochter geht.

Mit geschickten Verhandlungen und viel Geduld gelang es mir, die Ex-Frau zu überzeugen, seinem Plan zuzustimmen. Aber kaum hatten wir diese Hürde genommen, forderte der Ex-Mann weitere Änderungen und der Verkaufsprozess geriet in Gefahr.

Dabei musste ich ihm deutlich machen, dass persönliche Differenzen nicht in den Verkaufsprozess hineingezogen werden sollten. Immerhin ging es nicht nur um die beiden geschiedenen Parteien, sondern auch um ihre 17-jährige Tochter, die mittendrin steckte.

Es war unsere Aufgabe, alle Beteiligten daran zu erinnern, dass der Verkauf dazu diente, für alle eine bestmögliche Lösung zu finden. Dank geduldiger Gespräche, Überzeugungskraft und der Erinnerung an ihre elterliche Vorbildfunktion gelang es uns, den Notartermin wie geplant durchzuführen, wenn auch mit Zittern und Bangen.

Was diese aufregende Erfahrung zeigt, ist die Wichtigkeit der Kommunikation und das Verstehen der Perspektiven aller Beteiligten. Es war nicht nur ein Verkauf, sondern es mussten Register in den Kategorien *Diplomatie* und *Menschenkenntnis* gezogen werden.

Was tut ein Makler?

Im ersten Schritt ermitteln wir den Wert der Immobilie. Das stellt uns vor eine Herausforderung, denn in einer Marktwirtschaft können Verkäufer und Käufer frei über den Preis verhandeln, und am Ende entscheiden oft Kriterien und Dynamiken, die sich nicht objektiv messen lassen.

Trotzdem schaffen wir eine seriöse Grundlage, indem wir den Sachwert, den Ertragswert, den Vergleichswert und den üblichen Marktwert ermitteln und auf dieser Basis einen Verkaufspreis empfehlen. Als Makler sind wir hier wertvoll, weil wir den Zustand der Immobilie aus neutraler Perspektive beurteilen und überdies einen Eindruck vom Preisspiegel der Region und ähnliche Objekte aus der Vergangenheit im Hinterkopf haben.

Manche Eigentümer denken darüber nach, den Verkaufspreis mithilfe einer Online-Software oder komplett selbst festzulegen. Davon rate ich ab. Online-Tools basieren auf Datenbanken und können nur einen allgemeinen Überblick über den Immobilienmarkt geben, nicht aber den individuellen Wert des Objekts bestimmen.

Zudem können solche Programme nicht den Charme, die Gemütlichkeit und die Details wie Ausblick, einen liebevoll gepflegten Garten oder historische Holztäfelungen einer Immobilie berücksichtigen, die alle einen erheblichen Einfluss auf den Wert haben können.

Die Wertermittlung ist also ein Aushandlungsprozess, auch zwischen Makler und Kunde, da der emotionale Wert, den der Eigentümer seiner Immobilie beimisst, selten dem tatsächlichen Marktwert entspricht.

Nicht immer steht diese Aushandlung unter einem guten Stern. Einmal betrat ich das Haus einer Familie, die mich mit den Worten empfing: »Wir haben alles vorbereitet, Sie müssen nur noch verkaufen.« Ich zog eine Augenbraue hoch und fragte, wie sie das meinten. Hatte ich etwa einen im Voraus festgelegten Preis zu akzeptieren? Einen Preis, hinter dem ich im Zweifel gar nicht hätte stehen können? Sie erklärten mir, sie hätten sich bei der Preisbildung an der Immobilie ihrer Nachbarn orientiert »und ein bisschen was draufgepackt, weil die Marktlage das hergibt.«

Da war ich baff. Sie berücksichtigten nicht, dass jede Immobilie einzigartig ist. Unterschiede in den Grundstücken, in den Ausstattungen und in der Wertsteigerung über die Jahre hinweg haben erhebliche Auswirkungen auf den tatsächlichen Preis, all diese Faktoren fließen in die Preisermittlung ein.

Um meine Position zu verdeutlichen, brachte ich das Beispiel eines Elektrikers: »Stellen Sie sich vor, ich wäre ein Elektriker. Sie würden mir doch auch nicht einfach sagen, wir haben schon alles vorbereitet, Sie müssen nur noch verdrahten, oder?« Ich versuchte zu erklären, dass das Handeln eines Immobilienmaklers ebenso viel Expertise und Sorgfalt erfordert wie das eines Elektrikers oder jedes anderen Fachmanns. Die Eigentümer lenkten ein und verstanden meinen Standpunkt.

Wir legten die Zahlen erneut übereinander und kamen zu einem anderen Ergebnis als dem ursprünglich angenommenen. Aber die Transparenz und die detaillierte Aufschlüsselung meiner Preisberechnung halfen dabei, die Diskrepanz zu überbrücken.

»Mach' ich selbst!«

Manchmal höre ich Aussagen wie: »Ich setze den Preis höher an, denn runtergehen kann ich immer noch.« oder »Ich versuche es erst selbst und hole *dann* einen Makler.« Solche Ansätze können fatal sein, weil sie dazu führen, dass eine Immobilie auf dem Markt ›verbrennt‹, also an Wert verliert oder nicht verkauft werden kann. Es ist daher unerlässlich, von Anfang an einen Experten einzubeziehen, um derartige Verläufe zu vermeiden.

Die Rolle eines Immobilienmaklers ist es, die Immobilie in ihrer Gesamtheit zu verstehen und ihren tatsächlichen Wert zu ermitteln. Jeder Makler muss die Realitäten und Herausforderungen der Branche akzeptieren und Aufklärung betreiben. In unserer Gesellschaft leiden Immobilienmakler oft unter einem verbesserungswürdigen Ruf. Hier hilft nur: Verständnis, Aufklärung, Expertise, Beratung – und Erfolg!

In dieser Anekdote traf ich mich mit einem Verkäufer, der sein Haus schon länger inseriert hatte. Ich habe da mittlerweile einen Blick für entwickelt, und manchmal greife ich zum Hörer, rufe sie an und frage nach, wie es um ihre Verkaufsbemühung steht.

Oft möchten diese Menschen alle Schritte selbst gehen. Entweder, weil sie besonders ehrgeizig sind oder weil sie glauben, Geld zu sparen – die Motivlage ist vielfältig. Mit diesem Herrn hatte ich jedenfalls eine gute Chemie am Telefon, ich besuchte ihn in dem Verkaufsobjekt und verschaffte mir einen Eindruck von den Räumlichkeiten und dem erweiterten Exposé.

Es waren die typischen Fehler: Die Broschüre war unvollständig, die Bilder nicht optimal, der Preis viel zu hoch. Das habe ich ihm auch so erklärt und ihm angeboten, dass wir die Arbeit für ihn machen können. »Ich weiß nicht, Herr Oertel«, sagte er, »an sich ja schon, aber vielleicht finde ich ja doch noch einen Käufer, man weiß es doch nicht ...«

Das ist wahr – tatsächlich ergeben sich hin und wieder Zufallskäufe, aber es ist nicht ratsam, sich auf diese zu verlassen. Zumal der Herr in meiner Anekdote dringend handlungsbedürftig war, weil er drei Monate später die Zahlung seines neuen Hauses leisten musste. Er wollte also so schnell wie möglich einen Käufer für seine alte Immobilie finden – und diese Drucksituation raubte ihm die Gelassenheit, die es braucht, um eine Transaktion zu initiieren, bei der er keine zehntausenden Euros verliert.

Ich bot ihm also einen Alleinauftrag an, den er annahm. Solch ein Alleinauftrag festigt die Exklusivität, da er verhindert, dass der Verkäufer potenzielle Käufer in Konkurrenz zueinander setzt und die Verkaufschancen beeinträchtigt. Es ist auch eine Frage von Vertrauen – das ich als Makler erst aufbauen muss, dann aber doppelt und dreifach zurückzahle, da wir uns nicht nur um die Generierung von Interessenten kümmern, sondern auch um die Bonitätsprüfung und eben alles weitere.

Den Selbermachen-Ansatz vertiefen wir im folgenden Kapitel.

Ein **Alleinauftrag** ist eine exklusive Vereinbarung zwischen Verkäufer und Makler, die dem Makler das alleinige Recht gibt, die Immobilie zu vermarkten und zu verkaufen.

Diese Vereinbarung dauert typischerweise sechs Monate und schließt die Möglichkeit aus, dass der Eigentümer zusätzliche Makler hinzuzieht. Dies vermeidet Unklarheiten und Koordinationsprobleme bei Besichtigungen, die auftreten können, wenn mehrere Makler beteiligt sind.

Vorteile für den Kunden

→ **Einheitliche Kommunikation:** Der Kunde profitiert von einem einzigen, direkten Ansprechpartner und muss nicht zwischen verschiedenen Maklern wechseln.
→ **Klare Absprachen:** Zentralisierte Informationen und Absprachen verhindern Missverständnisse.

Vorteile für den Makler

→ **Sicherheit der Verfügbarkeit**: Da kein anderer Makler
das Objekt anbieten kann, entfällt das Risiko,
dass das Objekt bereits verkauft ist,
während es noch beworben wird.
→ **Effizienz**: Die exklusive Betreuung verhindert, dass
Ressourcen und Anstrengungen verschwendet werden,
falls das Objekt von einem anderen Makler verkauft wird.

Der Makler übernimmt die vollständige Kontrolle über
den Verkaufsprozess, von der Erstellung des Exposés bis
zur Durchführung von Objektbesichtigungen, die auch
innovative Methoden wie 360-Grad-Scans und Droh-
nenflüge umfassen können. Die Vergütung des Maklers
ist festgelegt und beinhaltet in der Regel drei Prozent
des Verkaufspreises zuzüglich Mehrwertsteuer. Jegliche
Kommunikation oder Vereinbarungen mit anderen
Maklern werden ausschließlich durch den beauftragten
Makler geregelt, sodass der Kunde nur mit diesem zu
tun hat und nicht in weitere Abmachungen involviert
ist.

Diese Alleinaufträge bieten sowohl für den Kunden
als auch für den Makler klare Vorteile und sind ein
moderner, professioneller Ansatz im Immobilienge-
schäft.

Trotzdem: Einige Verkäufer bleiben skeptisch gegenüber Maklern und wollen sich die Option bewahren, selbst zu vermarkten.

Das Vertrauen muss dann erst aufgebaut werden, und ich gehe vorsichtig vor, um zu sehen, ob die Zusammenarbeit sinnvoll ist.

Schließlich müssen Verkäufer verstehen, dass sie einen Makler beauftragen, um von dessen Fachwissen und Marktkenntnissen zu profitieren.

Es geht darum, den bestmöglichen Nutzen für den Verkäufer zu erzielen.

Insgesamt ist ein Alleinauftrag für mich nicht verhandelbar, damit ich die bestmögliche Betreuung und Vermarktung für den Verkäufer gewährleisten kann.

»Sollte ich es einfach selbst machen?«

Nein – bloß nicht!

Am Ende entscheiden Sie das natürlich selbst. Doch ich möchte Ihnen in diesem Kapitel Argumente und Gründe geben, warum ich das Konsultieren eines Maklers für eine sinnvolle Option halte.

Die Immobilie auf eigene Faust zu verkaufen entspringt oft dem Motiv, finanziell profitieren zu wollen. Manche Interessenten glauben, sie würden Geld sparen, wenn sie den Verkauf eigenständig und ohne Maklerhilfe abwickeln. Das wirkt plausibel, erhalten Makler doch eine stattliche Summe, teilweise bis in den fünfstelligen Bereich hinein. Vier Prozent von 500.000 Euro wären 20.000 Euro – worin könnte man das Geld nicht alles investieren, wenn man es nicht für einen Makler ausgeben müsste?

Andere Motive liegen auf der Gefühlsebene. Vielleicht hat jemand schon mal schlechte Erfahrungen gemacht, auch im Familien- oder Bekanntenkreis. Manche trauen Maklern generell nicht über den Weg.

Oder aber man legt gesteigerten Wert auf den Nachfolger und möchte nicht, dass ein fremder Makler irgendeinen ›Dahergelaufenen‹ das Objekt kaufen lässt; einen, der nicht auf das Eigentum achtet oder die Nachbarschaft irritiert.

Klingt seltsam? Kommt aber häufig vor! Das eigene Haus oder das der Mutter oder Großmutter zu verkaufen, nachdem man selbst vierzig Jahre darin gelebt und seine frühe Kindheit darin verbracht hat, führt zu emotionalen Verwebungen, denen man sich behutsam nähern muss.

Ich könnte jetzt nüchtern die Faktenlage referieren und dagegen argumentieren. Lieber jedoch erzähle ich aber von meinem Arbeitsalltag – und lasse durchscheinen, warum das Selbermachen in diesem Teilbereich des Lebens vielleicht doch keine gute Idee ist.

Versetzen wir uns in die Lage eines Immobilienmaklers. Was tun wir, wenn wir beauftragt werden?

Wir scannen die Immobilie und erstellen ein Exposé im 360-Grad-View. In der Folge können wir das Objekt online mit Kunden besichtigen. Einen solchen Termin bereiten wir vor; wenn Kaufinteressenten mit uns in Kontakt treten, ein Exposé anfordern und eine Besichtigung ausmachen, erhalten sie im ersten Schritt das Exposé und daran anknüpfend einen YouCanBookMe-Link, unter dem sie sich einen Termin eintragen können.

"

Als Immobilienunternehmer habe ich regelmäßig mit Maklern zu tun. Aus über 300 abgeschlossenen Deals kann ich sagen: Sascha gehört zu den Top 3 Maklern in Deutschland!

Kennengelernt habe ich ihn klassisch über ein ImmoScout-Inserat. Auf der Suche nach Schnäppchen wollte ich, wie immer, den Deal rasch über die Bühne bringen. Doch ich durfte feststellen, dass Sascha *extrem* gut in seinem Job ist und genau weiß, was er tut. Statt einfach nur den Kauf zu proto-kollieren, hat er eine Online-Besichtigung mit über dreißig Interessenten organisiert und dabei sowohl die Vorzüge als auch die Schwachstellen der Wohnung aufgezeigt.

Dadurch hatten alle Interessenten schon vor der realen Besichtigung einen umfassenden Einblick und wussten genau, was sie zu erwarten hatten. Zu meinem Nachteil, aber zum Vorteil des Verkäufers, wurden durch diesen Prozess mehrere ernsthafte Interessenten gefunden, sodass ich am Ende um die Wohnung kämpfen musste. Für den Verkäufer hat Sascha damit einen um mehrere Tausend Euro höheren Preis erzielt, als es sich der Schnäppchenjäger in mir gewünscht hätte – aber dennoch war der Preis super fair und gut!

Nachdem der Kauf sehr professionell und schnell abgewickelt wurde, erhielt ich regelmäßig tolle Kaufangebote von Sascha, sodass ich in den letzten sechs Monaten dreimal bei ihm kaufen durfte.

Fazit: Ein wahnsinnig guter Makler – für beide Seiten! Und ein noch besserer Kerl.

Jan-Moritz Becker, Immobilienberater

Wir handhaben das so, damit sich die Interessenten im Vorfeld einen Eindruck verschaffen und informieren können. Nichts ›schlägt‹ die leibhaftige Ansicht, und eine Online-Besichtigung ist eine hervorragende Möglichkeit, vorzufiltern. Oft höre ich Sätze wie: »Oh, das Badezimmer hat ja gar kein Fenster, hätte ich das vorher gewusst, wären wir gar nicht gekommen« – und das können wir bei einer Online-Besichtigung direkt klären. Das spart Zeit und auch dem vor ein paar Jahren in Mode gekommenen Immobilientourismus wird damit die Grundlage entzogen.

In der Online-Besichtigung erzähle ich den Interessenten etwas zu dem Objekt und zeige Raum für Raum, als würden sie sich in einer echten Besichtigung befinden. Informationen zur Lage, der Umgebung, der Technik – und so weiter.

Die Online-Besichtigung hat super geklappt. Wir waren mit fünf oder sechs Interessenten in der Wohnung, digital natürlich, und Herr Oertel hat alles erklärt und ist auch noch mal auf unsere Wünsche eingegangen, hat Fragen beantwortet, Räume mehrmals gezeigt und so weiter. Doch, das hat mir gut gefallen und einen guten ersten Einblick gegeben.

Eine Privatperson hat in der Regel nicht die Möglichkeit, das alles probat zu realisieren. *Theoretisch* ja – aber praktisch? Die Software kostet Geld, und mit dem Kauf allein wäre es nicht getan, das Kaufobjekt müsste entsprechend hineingepflegt werden. Wäre das geschafft, müsste man sich um die Organisation der Termine kümmern – und, und, und. Ein berufstätiger und sozial eingebundener Erwachsener hätte kaum die Zeit, sich in all das einzuarbeiten, zumal man damit Gefahr liefe, unseriös zu wirken; nicht bei der Besichtigung, aber spätestens, wenn es ›heiß‹ würde und an die Dokumente ginge.

Nach der Online-Besichtigung schicken wir eine E-Mail raus und bieten dem Interessenten eine Vor-Ort-Besichtigung an. Er bekommt dann einen Fünfzehn-, Zwanzig- oder Dreißig-Minuten-Slot, je nach Objekt, und zu dieser Möglichkeit kommt er auch nur, wenn er vorher die Online-Besichtigung durchlaufen hat.

Vor Ort treffe ich demnach nur Leute, die *echtes* Interesse haben und hinterher vielleicht sagen: »Hm, das ist doch nichts für uns; der Raum ist ein bisschen zu klein, das sah online größer aus«, aber die es nicht mehr kategorisch ausschließen, vor allem nicht aufgrund von Details, die in einer Online-Besichtigung bereits hätten gesehen und zur Sprache gebracht werden können. Ich will gar nicht wissen, wie viele Tausende von Kilometern dies schon Autofahrern gespart hat, die ansonsten quer durch die Republik gefahren wären ... alle Beteiligten gewinnen.

Einen immergleichen Arbeitsalltag kennen wir nicht, der Kontext bestimmt unsere Aufgaben. Wenn Interessenten anrufen, die beabsichtigen, uns zu beauftragen, bewerte ich Objekte im Sachwert-, Vergleichswert- oder Ertragswertverfahren. Ansonsten habe ich in unserem System im Blick, wo gerade welche Objekte stehen, welches ein Exposé benötigt, wo wir Fotos machen müssen, für wen ein Notartermin oder ein Vertragsentwurf vorbereitet werden muss – und so weiter. Jeden Tag durchlaufen wir einen Prozess und verfügen über Werkzeuge und Online-Tools, die uns dabei helfen, den Status der Immobilie im Blick zu behalten. Was haben wir für Telefonate geführt? Welche Unterlagen sind noch offen oder welche sind bereits eingetroffen? Was fehlt für den nächsten Schritt? Wir können jeden Morgen schauen, wo sich unsere Immobilie in welchem Status befindet. Das geht, weil hinter allem laufende Prozesse stehen und diese Prozesse eingehalten werden müssen, damit jeder weiß, was zu tun ist.

Ist ein Prozessschritt abgehakt, kommt der nächste. Dahinter stehen Vorlagen oder Checklisten, die wir abarbeiten, bis es zum nächsten Systempunkt kommt.

Ein Beispiel: Komme ich vom Einkauf wieder und haben wir den Auftrag erhalten, wird die Kollegin mit einbezogen, die eine Information erhält: »Ab jetzt Objektaufbereitung, die Vollmacht ist hinterlegt, die haben wir sofort da drin.« In dem System sind bestimmte Sachen abzulegen, die Vollmacht und Weiteres, damit die Kollegin sofort alles zur Verfügung hat, um die Unterlagen bei den Ämtern zu besorgen. Wurde das alles erledigt, werden parallel die Fototermine gemacht, die Scan-Termine mit den Beteiligten, damit alles parallel laufen und Stück für Stück abgearbeitet werden kann.

Es folgt Prozessschritt auf Prozessschritt, jeder weiß, wo wir gerade stehen und zu welchem Zeitpunkt welche Aufgaben zu erledigen sind.

Außerdem digitalisieren wir alles. Wenn der Kunde oder der Interessent eine Immobilie im Internet sieht, bekommt er von uns hinterher automatisiert eine Antwort, also eine E-Mail, in der das Exposé und weitere Schritte hinterlegt sind. Wenn er den Teil über den Datenschutz bestätigt und seine Daten hinterlegt hat, bekommt er Zugriff auf das Exposé. Und wenn dieser verwehrt würde, bekäme er eine Information, die ihm die Verweigerung erklärt.

Bekommt er hingegen das Exposé, was die Regel ist, erhält er darin den Link zur Online-Besichtigung, wie vorhin angedeutet. Und dann telefonieren wir drei, vier Tage später noch mal alle ab. Die, die sich nicht einge-tragen haben – warum nicht? Damit wir wissen, was los ist. »Kein Interesse«, »Hat sich erledigt« oder was auch immer für Gründe es sind.

Nach der Online-Besichtigung wird erneut eine E-Mail für den richtigen Termin verschickt, und da tragen sich natürlich auch nicht immer alle ein. Dann telefonieren wir zwei Tage, bevor der Vorort-Termin ist, noch einmal alle ab, die sich nicht angemeldet haben. Warum? Damit wir auch hier wissen, was los ist. Eine Person aus unserem Team hängt also den ganzen Tag am Telefon, da ja auch nicht jeder Mensch sofort erreichbar ist. Wir wollen alles dafür tun, die Interessenten zu Käufern zu machen.

In einer Niedrigzinsphase geht das natürlich alles leichter von der Hand, als wenn die Zinsen steigen. Dann müssen die Makler hart arbeiten – völlig in Ordnung!

Meldet sich jemand nicht zurück, muss das kein schlechtes Zeichen sein. Oft kommt bei einem Wiedervorlagenanruf ein:»Ah, das ist nett, dass Sie noch mal anrufen. Ja, wir haben noch Interesse, aber wir hatten noch *dies* und *jenes* … aber wir würden auf jeden Fall die Besichtigung machen.« *Dranbleiben* ist die Devise, zumal Besichtigungstermine auch vom Rahmen her passen müssen – für alle Seiten (und alle Beteiligten und teilweise deren Familien).

Auch hier kristallisiert sich wieder der Vorteil eines Maklers heraus: Wie würde es wirken, wenn eine Verkäufer-Privatperson einen Interessenten mehrmals anrufen und ›nerven‹ würde? Es würde sich beinahe wie Stalking anfühlen, so kann das Vertrauensverhältnis Schaden nehmen.

Gar nicht so selten kommt es dazu, dass Kaufinteressenten eine unsichere Haltung des Verkäufers erkennen und auszunutzen versuchen. Ihre Techniken können vielfältig, unberechenbar und geradezu erbarmungslos sein. An ein besonders prägnantes Erlebnis erinnere ich mich. Es ging um eine Immobilie, bei der der Käufer bereit war, 600.000 Euro zu zahlen – jedenfalls war das die Verabredung. Als jedoch der Notartermin anstand, versuchte der Interessent, die Situation zu seinem Vorteil zu manipulieren. Er verkündete plötzlich, dass er das Anwesen nicht für 600.000 Euro, sondern für nur 550.000 Euro erwerben würde.

Die Unverfrorenheit dieses Manövers überraschte und ich fragte mich: Wozu wäre dieser Typ noch fähig?

Ein Privatverkäufer, der nicht mit der Komplexität des Immobilienmarkts vertraut wäre, könnte in solchen Situationen leicht in die Falle geraten. Die Verlockung, den schnellen Verkauf an den Notartermin zu knüpfen und dabei einen Preiseinbruch zu erleiden, kann enorm sein. Besonders wenn der Verkäufer denkt, er hätte keine andere Wahl oder keinen Plan B.

Durch meine Erfahrung weiß ich, wie man mit solchen Szenarien umgeht. Diese Bestätigungen sind nicht rechtsgültig, bieten jedoch ein Sicherheitsnetz und signalisieren beiden Parteien, dass der Kauf ernst gemeint ist. Der Verkäufer kann so auf die ursprüngliche Vereinbarung zurückkommen und hinterfragen, warum es plötzlich zu einer Änderung kommen sollte, wenn sich an den Umständen nichts geändert hat. Wir erklären dem Käufer klar, dass die Reservierungsbestätigung keine gerichtliche Durchsetzbarkeit hat, aber eine Absicherung für den Verkäufer darstellt. Für Privatverkäufer, die mit den Details und dem rechtlichen Rahmen solcher Vereinbarungen nicht vertraut sind, kann dies jedoch eine echte Herausforderung darstellen.

Wer jetzt noch nicht überzeugt ist, blättert gerne weiter in diesem Buch – und fragt sich, ob er als Privatperson wirklich in den ›Kampf‹ mit all den Institutionen, Firmen und Personen ziehen möchte. Ohne Vorerfahrung, versteht sich.

Da relativieren sich auch schnell die Kosten. Sicher kann man sich auch als Privatperson ein Online-Besichtigungs-Tool zulegen, und bestimmt lassen sich auch ein oder zwei Besichtigungen eigenständig durchführen.

Aber was ist, wenn sich fortgeschrittene Fragestellungen ergeben? Einmal kann man passen, aber zweimal, dreimal, fünfmal? Wie geht das mit dem Notar, etwaigen Ämtern, habe ich alles korrekt versteuert? Ein Makler kümmert sich um das alles – und ich würde niemandem empfehlen, die Kosten dagegen zu stellen, die anfallen würden, wenn er alles selbst erledigen würde …

Exposés gestalten,
die verkaufen

Das Herzstück der Maklerarbeit bildet das Exposé. Es ist das Eingangstor zu einem erfolgreichen Verkaufsprozess und gleichzeitig das zentrale Arbeitsinstrument des Maklers. Die meisten Interessenten verschaffen sich einen Eindruck über das Exposé, und deshalb sollte dieses einladend und professionell gestaltet sein.

Nach der Festlegung eines marktgerechten Preises bereiten wir das Objekt vor, sammeln alle Unterlagen für den Verkauf, die Bank und die Finanzierung. Das kann ein paar Tage dauern, weil wir mit Behörden zusammenarbeiten und jedes Detail wichtig ist.

Wenn es sich um eine Erbschaft handelt, benötigen wir einen Erbschein oder ein Testament, ohne das wir keinen notariellen Verkauf abschließen können. Vorher legen wir nicht los; wenn ein Interessent kaufen möchte, aber nicht weiß, wann er das Objekt erwerben kann, haben wir ein Problem, denn er hängt möglicherweise an einer anderen Immobilie, die er kündigen oder verkaufen muss. Das müssen wir im Voraus berücksichtigen.

Mit den richtigen Fotos den Mund der Interessenten wässrig machen

Während wir die Unterlagen zusammenstellen, machen wir Fotos mit einem Fotografen. Wir nutzen eine 3D-Kamera, um eine virtuelle Besichtigung der Wohnung durchführen zu können, ähnlich wie bei Google Street View. Dies nimmt Zeit in Anspruch, da wir uns mit dem Eigentümer abstimmen müssen. Wenn der Eigentümer nicht mehr vor Ort wohnt, ist es einfach, aber wenn es sich um ein Mehrfamilienhaus handelt, gestaltet sich die Koordination mit den Mietern schwieriger. In solchen Fällen erstellen wir einen vollständigen Scan des gesamten Mehrfamilienhauses, wodurch der potenzielle Käufer oder Investor die Möglichkeit hat, alle Details zu sehen, die er bei einer herkömmlichen Besichtigung möglicherweise nicht bemerken würde.

Aus diesem Grund führen wir diese virtuelle Besichtigung immer als ersten Schritt durch, um dann entscheiden zu können, ob das Objekt interessant ist oder nicht. Ein Investor muss sich nicht unbedingt jede einzelne Wohnung ansehen, da es unmöglich ist, alle Mieter zur gleichen Zeit zu erreichen. Bei uns gibt es keine versteckten Mängel, sondern wir geben die exakten Maße an und erstellen aktualisierte Grundrisse, die möglicherweise von den ursprünglichen Grundrissen abweichen, wenn in der Zwischenzeit Änderungen vorgenommen wurden. So können wir den aktuellen Zustand der Immobilie beim Verkauf darstellen.

Nach dem Scan und den Fotos setzen wir manchmal eine Drohne ein, um eine Video-Präsentation von der Immobilie auf verschiedenen Videoplattformen wie YouTube zu veröffentlichen.

Die richtige Zielgruppenansprache

Sie haben sich dieses Buch gekauft, weil Sie sich angesprochen gefühlt haben. Die Ansprache ist auch beim Verkauf von Immobilien ein wichtiger Faktor. Unsere Aufgabe besteht darin, mit dem Exposé eine Botschaft an potenzielle Interessenten zu senden, die nicht nur Interesse an der Immobilie haben, sondern auch die finanziellen Mittel, um sie zu erwerben. Dank unserer Erfahrung stellen wir sicher, dass wir bei Besichtigungen nicht plötzlich mit unpassenden Interessenten konfrontiert werden.

In den Überschriften des Exposés und auf Online-Plattformen beschreiben wir klar, welche Art von Käufern wir suchen. Nehmen wir zum Beispiel die Überschrift »Haus sucht Familie«. Das wäre sehr vereinfacht, aber zeigt, dass wir eine Familie ansprechen möchten und nicht etwa ein älteres Ehepaar oder eine Wohngemeinschaft. Auf diese Weise fühlen sich die ›richtigen‹ Menschen angesprochen. Wir möchten einen Immobilientourismus vermeiden und überlegen daher, welche Art von Menschen wir für unsere Immobilie erreichen möchten.

Das Exposé enthält Texte, die sowohl auf die Zielgruppe als auch auf die Immobilie selbst eingehen. Wir beschreiben die besonderen Merkmale der Immobilie, zum Beispiel ob ein Kaminofen vorhanden ist und welche

Art von Treppen. Wir sprechen also sowohl über die Stärken als auch über die Schwächen der Immobilie, die offen kommuniziert werden müssen, da der Preis entsprechend festgelegt wurde. Wenn eine Besichtigung stattfindet, kann der Kunde nicht plötzlich sagen: »Aber im Keller gibt es eine feuchte Stelle«, sondern wir haben das bereits im Exposé erwähnt. Dadurch wird eine Diskussion über Preisverhandlungen vermieden. Wir klären diese Dinge bereits im Voraus, indem wir sie deutlich im Exposé und während der Besichtigung ansprechen.

Es gibt viele Fälle, in denen bei Immobilienverkäufen Mängel verschwiegen werden. Zum Beispiel könnten Probleme durch Übermalen von Schimmel oder anderen Schäden vertuscht werden.

Wenn ein Verkäufer bei einem Hausverkauf Mängel absichtlich verschweigt und dies nachgewiesen werden kann, kann der Käufer den Verkauf rückgängig machen und das kann teuer für den Verkäufer werden, sofern er bewusst Schäden verschwiegen hat. So etwas sollte gut überlegt sein.

Unsere Aufklärung beinhaltet auch, derartige Aspekte bereits im ersten Gespräch anzusprechen: Gibt es Schwächen? Feuchtigkeit oder Schimmel? Bei Fachwerkhäusern kann ein Schimmelbefall vorkommen. Potenziell beschädigt ein solcher das Holz und führt zu statischen Problemen. Es muss sichergestellt werden, dass er vollständig entfernt wurde, damit er nicht erneut auftaucht und das Haus langfristig strukturelle Probleme bekommt.

Wir arbeiten also alle relevanten Informationen in das Exposé ein, auch die Beschreibung der Lage, sowohl auf Makro- als auch auf Mikroebene.

Wir möchten wissen, was sich in der Umgebung befindet. Gibt es öffentliche Verkehrsmittel in der Nähe? Wie weit sind Krankenhäuser, Schulen, Kindergärten, Ärzte und Lebensmittelgeschäfte entfernt?

Wir erwähnen auch den etwaigen Autobahnanschluss, der beispielsweise zehn Minuten entfernt sein kann.

Außerdem integrieren wir den Energieausweis und den Grundriss samt Möbeln, damit sich der Interessent vorstellen kann, wie es aussieht, wenn das Objekt leer ist. Viele können sich nicht gut vorstellen, wie der Raum mit Möbeln wirkt, daher ist es wichtig, dies zu visualisieren. Nachdem der Eigentümer alles abgesegnet hat, ist die Objektaufbereitung abgeschlossen und das Haus online gestellt.

Wir erstellen Flyer, die kurz vor dem Verkaufsstart direkt am Objekt verteilt werden, um die Nachbarschaft darauf aufmerksam zu machen. Es ist schön, wenn die Leute wissen, dass eine Immobilie zum Verkauf steht, denn Mund-zu-Mund-Propaganda ist noch immer eine tragende Säule in der Verbreitung.

Wenn die Nachbarn erfahren, dass jemand aus ihrer Nähe verkauft, fängt das Gerede an, und genau das möchten wir erreichen, damit möglichst viele Menschen davon erfahren.

Die meisten Käufer kommen aus der direkten Umgebung, weil die nebenan wohnenden Eltern dies mitbekommen und ihren Kindern davon erzählen. Das löst eine Dynamik aus, da diese wiederum ihren Geschwistern davon erzählen (»Wolltet ihr nicht immer mal zurückkehren? Hast du nicht gesagt ...«) – und so entwickelt sich eine Nachfrage, es trudeln Anrufe und E-Mail-Anfragen ein, die wir auf den ersten Blick gar nicht zuordnen können.

Auf Nachfrage erfahren wir oft, dass sich die Nachricht innerhalb des Viertels verbreitet hat.

Sobald die Immobilie online ist und auf dem Markt präsentiert wird, versorgen wir in den ersten vierzehn Tagen alle Interessenten schnell mit den verfügbaren Informationen. Das Exposé wird per E-Mail als PDF versendet oder wir stellen einen Link zur Verfügung, über den der Kunde Zugriff auf das PDF hat.

Eine Person, die auf eigene Faust privat verkaufen wollen würde, kann diese Geschwindigkeit in der Regel nicht erreichen, da sie nicht über den gleichen Automatismus verfügt. Möglicherweise hat sie nicht einmal ein hochwertiges Exposé als PDF.

Letztendlich verkaufen wir über Emotionen. Wenn das Exposé keine aussagekräftigen Informationen enthält und die Fotos nicht ansprechend sind, fühlt sich niemand wohl. Die Fotos müssen die Menschen ansprechen.

Nicht kleckern, klotzen

Bei der Exposé-Erstellung adressieren wir alle Reize. Wenn man vor Ort ist, sollte es ein echter Hingucker sein. Man sollte denken: »Wow, das ist richtig gut ausgearbeitet!«, die Leute müssen es wiedererkennen können. Die Fotos zu machen ist immer eine Herausforderung, da jeder eine andere Wahrnehmung hat.

Einige empfinden es als *zu eng* oder *zu klein*, andere als *zu groß*. Aber wenn man es richtig gut macht und die Proportionen beachtet, sodass es den Kunden im Kopf genauso erscheint wie auf dem Foto, dann ist es perfekt und das muss man in das Exposé einbringen.

Nachdem wir die Exposés verschickt haben, schlagen wir den Kunden einen Termin für eine Onlinebesichtigung vor. Bei einer solchen haben wir in der Regel zwanzig, dreißig oder sogar fünfzig interessierte Personen, von denen einige bereits Ausschließendes feststellen, zum Beispiel ein fehlendes Fenster im Badezimmer, der Klassiker.

Mit der Besichtigung vor Ort verbringen wir in Summe bis zu zwei ganze Tage. Für jede Partei reservieren wir fünfzehn bis dreißig Minuten, in denen sie sich das Haus anschauen kann.

Wir gehen auf individuelle Fragen und Bedürfnisse ein und es zeigt sich meist erneut, dass es von Vorteil ist, dass die Interessenten das Haus bereits online gesehen haben. Festigt sich das Interesse, werden Details besprochen.

Unsere Aufgabe besteht darin, die Kunden an die Hand zu nehmen, ihre Fragen zu beantworten und den Besichtigungsprozess angenehm zu gestalten, im Idealfall macht er sogar *Spaß*.

Missglückte Exposés

Im Laufe der Zeit habe ich einige missglückte Exposés gesehen. Bei den innenliegenden Fotos etwa wünschen wir uns saubere Aufnahmen, und mit »sauber« meinen wir nicht, dass der Raum gereinigt sein sollte – das setze ich als gegeben voraus – sondern dass sich innerhalb der Aufnahme keine Gegenstände befinden, die man dort nicht erwarten würde. Einmal sah ich etwa einen Kehrbesen mitten im Wohnraum stehen oder einen Korb voll Holz – wenn dieser nicht gerade neben einem Kamin steht, ist das wenig sinnvoll.

Die Fotos sind von zentraler Bedeutung. Potenzielle Käufer müssen beim Betrachten der Bilder ins Schwärmen geraten und sich in den Räumlichkeiten wiederfinden. Um das zu erwirken, ist es essenziell, den Raum ordentlich und frei von störenden Gegenständen zu präsentieren. Helligkeit und Natürlichkeit sind weitere Schlüsselmerkmale für gelungene Fotos. Weitwinkelaufnahmen können beeindruckend sein, aber oft ist es sinnvoller, ein normales Objektiv zu verwenden, um den Raum realistisch darzustellen.

Ein professionelles Exposé sollte bestimmte Elemente enthalten, die dem Interessenten alle relevanten Informationen vermitteln.

Dazu gehören der Energieausweis, eine präzise Wohnflächenberechnung und eine klare Auflistung der Räumlichkeiten. Anstelle alter, unattraktiver Grundrisse sollten moderne, ansprechende Visualisierungen verwendet werden, um dem potenziellen Käufer eine gute Vorstellung von der Immobilie zu vermitteln, auch in Farbe, je nach Kontext mit Möbeln dekoriert.

Die Außenaufnahmen spielen ebenfalls eine Rolle. Es gab mal den Fall, dass eine Immobilie von efeuähnlichen Pflanzen umrankt war. Das kann schön sein und dem Endkunden gefallen – macht aber im Exposé einen eher schlechten Eindruck. Hier sollte das Gebäude sauber und einladend aussehen.

Zuletzt gibt es den Begleittext, der frei von Standardfloskeln sein sollte. Stattdessen geht er auf die individuellen Eigenschaften und die Geschichte der Immobilie ein, um die Neugierde der Interessenten zu entfachen.
Durch eine persönliche Note kann der potenzielle Käufer eine Verbindung zur Immobilie herstellen und sich besser vorstellen, dort zu leben.

Insgesamt ist es wichtig, die Immobilie in einem positiven Licht darzustellen und sie so zu präsentieren, dass die Zielgruppe angesprochen wird.

99

Es gibt Orte, an denen *ernst* und *kompetent* über Geld gesprochen wird, Zahlen und Fakten kommen auf den Tisch. Und es gibt Orte, an denen gelacht und geweint werden darf, wie in der Barmer Küchenoper mit mir als Dörte aus Heckinghausen. Gefühle, Hoffnungen und Träumereien sind willkommen.

Gibt es einen Ort, der so Gegensätzliches verbindet?

Ja, den gibt es: das Maklerbüro von Sascha Oertel.

Hochemotional mein Thema: Der Verkauf meines Elternhauses, in dem ich seit dreißig Jahren mit meinem Mann sehr glücklich lebe. In bester Wohnlage mit einem wunderschönen Garten, dessen Bäume ich seit meiner Kindheit kenne und liebe. Der Grund des Verkaufes ist nicht ungewöhnlich: Auflösung einer Erbengemeinschaft mit einer sehr gegensätzlichen Interessenlage der beteiligten Geschwister.

Da sind Konflikte vorprogrammiert. Nüchterne Zahlen und sensible Befindlichkeiten stehen sich scheinbar unvereinbar gegenüber.

Damit zum Makler?

Leider hatten meine bisherigen Erfahrungen mit dieser Berufsgruppe das Vorurteil des Mannes im Anzug mit Akten-köfferchen und Dollarzeichen in den Augen bestätigt. Und dann fiel er mir ein: Sascha Oertel. Wir hatten uns durch unser ehrenamtliches Engagement in Heckinghausen kennen-gelernt. Ich erlebte ihn als zielgerichtet, durchsetzungsfähig und gleichzeitig freundlich und sympathisch.

Welch ein Aufatmen schon bei der ersten Beratung in seinem Maklerbüro! Ja, hier darf alles auf den Tisch: Nüchterne Zahlen und sensible Befindlichkeiten, Wünsche, Hoffnungen, Wut und Trauer. Sascha Oertel versteht es auf besondere Weise, mit fachlicher Kompetenz, einfühlsamen Fragen und einer gesunden Portion Humor eine ausgewogene und zielführende Beratung zu gestalten.

Er ließ uns Zeit, Schritt für Schritt unsere Entscheidungen zu überdenken, gemeinsam zu besprechen und dann zu fällen. Das Ergebnis ist nun für alle Seiten gewinnbringend – zwischenmenschlich und finanziell.

Sascha Oertel ist eine Marke:
MM, der menschliche Makler.

Dörte aus Wuppertal-Heckinghausen

Kuriositäten und Unwägbarkeiten

Über einige Dinge können wir nur mit dem Kopf schütteln – oft auch aus einer liebevollen Haltung heraus. Mit vielem sind wir am laufenden Band konfrontiert und zeitweise wird es anstrengend … aber am Ende des Tages gehört das alles dazu.

Wen wir in der Besichtigungsphase aussieben

Über die Besichtigungsphase wird ›ausgesiebt‹, wer kein weiteres Interesse an der Immobilie hat. Mit den übrigen Menschen treten wir in einen Dialog. Manche Verkäufer nehmen an, dass viele Interessenten gut wären, weil diese gegenseitig den Preis in die Höhe treiben, aber dem ist nicht so. Besser ist es, einen (einzigen) ›ernsthaften‹ Interessenten zu haben, mit dem seriös über den Preis verhandelt werden kann.

Es gibt auch andere Möglichkeiten. Manchmal erkundigt sich der Verkäufer nach den Interessenten und sagt dann sinngemäß, dass das Geld zweitrangig und dass es wichtiger ist, dass die neuen Bewohner gut in den Bezirk oder die Nachbarschaft passen.

Meistens wird es jedoch über den Preis geregelt. Manche sagen spontan, sie würden gerne 20.000 Euro weniger bezahlen. In diesem Fall fordern wir eine sachliche und gute Begründung, da das Objekt marktgerecht platziert wurde. Selten wird etwas übersehen, das eine Preisminderung rechtfertigen würde. Wenn das Haus beispielsweise 450.000 Euro kostet, kann es nicht um einen Nachlass von 50.000 Euro gehen, da stimmt dann etwas nicht. Eine Preisverhandlung muss Sinn ergeben und sich die Waage halten. Private Verkäufer sind darin häufig nicht gut genug, weil sie noch immer den emotionalen Wert berücksichtigen und möglicherweise ausgenutzt werden, da sie nicht wissen, wie man eine solche Verhandlung führt. In solchen Fällen ist ein neutraler Makler der bessere Partner, denn er hat Erfahrung und bringt entsprechende Argumente vor, bei denen die Leute sagen: »Ja, da haben Sie recht.« Wir setzen nicht einfach *irgendeinen* Preis fest. Das Exposé ist im Voraus einsehbar und jeder weiß, worauf er sich einlässt, und kann es sehen. Das Schöne daran ist, dass man keine Preisnachlässe machen muss, sondern möglicherweise, wenn man drei, vier oder fünf Interessenten hat, den Preis eher anhebt, da man nur einmal verkaufen kann.

Unser Trick, um alle vor bösen Überraschungen zu schützen

Haben wir einen Interessenten gefunden, der kaufen möchte, reservieren wir die Immobilie. Der Kunde geht mit uns und dem Verkäufer innerhalb der nächsten drei Wochen zum Notar. Der Kunde unterschreibt bei uns eine Reservierungsbestätigung, um sicherzustellen, dass er sich nicht plötzlich für eine andere Immobilie entscheidet. Die Reservierungsbestätigung dient dazu, beiden Seiten zu signalisieren, dass der Kauf ernst gemeint ist, auch wenn sie rechtlich nicht bindend ist.

Die Entscheidung, ein Haus zu kaufen, ist für einen Käufer nicht einfach. Es gibt eine gewisse Aufregung, die unter Umständen zu Magenschmerzen führen kann. Er reflektiert die eigene Entscheidung, und oft reden wir in diesen Fällen noch einmal miteinander. In der Regel verschwindet das Unwohlsein dann schnell. Es ist logisch, dass man Kaufentscheidungen für Häuser nicht so fällt wie für Kleinigkeiten oder Accessoires, aber irgendwann muss der Fluss in Gang kommen, weil auch andere Akteure mit dem Prozess fortschreiten wollen.

Wann die Korken knallen

Nach der Reservierung werden die Verträge vorbereitet. Der Notar wird entweder vom Käufer oder von uns damit beauftragt, einen Vertragsentwurf zu erstellen und per Post zuzustellen. Dann müssen sie dem Entwurf zustimmen. Eventuelle Änderungen müssen berücksichtigt werden, *bevor* der Notartermin stattfindet. Dann geht es zum Termin. Dieser ist die eigentliche Beurkundung, bei der sowohl der Käufer als auch der Verkäufer, zusammen mit dem Notar und natürlich auch dem Makler, anwesend sind. Der Makler sollte dabei sein, da er beide Parteien begleitet und bis zur Unterschrift unterstützt. Das ist von großer Bedeutung. Es ist auch eine Vertrauenssache, damit alle Beteiligten erkennen: »Okay, er steht bis zum Ende an unserer Seite, und das ist gut.«

Danach überreichen wir Präsente, die Anwesenden freuen sich und wir gratulieren den Käufern und Verkäufern.

Es folgt die Bürokratie. Die Ämter werden aktiv, allen voran das Finanzamt, das in Nordrhein-Westfalen 6,5 Prozent Grunderwerbsteuer verlangt. Alle entsprechenden Anfragen und Formalitäten werden in die Wege geleitet. Der Käufer erhält viele Rechnungen, unter anderem auch von mir als Makler. Ich darf nämlich erst nach einer Beurkundung eine Rechnung an die Beteiligten schicken. Der Notar wird alle betreffenden Ämter anschreiben, darunter auch das Grundbuchamt, um eine Vormerkung zu setzen und den neuen Eigentümer im Grundbuch einzutragen. Die finanzierende Bank wird über den weiteren Ablauf informiert. Wenn das Amtsgericht dem Notariat eine Rückmeldung gibt und alle Voraussetzungen für den Geldfluss erfüllt sind, erfolgt schließlich die sogenannte Fälligkeitsmitteilung. Diese Mitteilung wird vom Notar an beide Parteien gesendet und enthält den klaren Hinweis: »Liebe Damen und Herren, der Verkauf ist nun vollzogen und das Geld wird überwiesen.« Der Notar informiert auch die Bank und weist sie an, das Geld auf die entsprechenden Konten zu überweisen.

Die Mitteilung an die Verkäufer erfolgt schriftlich. Ab diesem Zeitpunkt beginnt eine zehntägige Frist. Wenn das Geld innerhalb dieser Frist nicht eingeht, ist eine Verzugsgebühr gemäß Vertrag zu zahlen. Das kommt jedoch selten vor. Das Geld wird von der Bank an die Verkäufer überwiesen, danach vereinbaren wir einen Termin mit beiden Parteien für die Schlüsselübergabe, um den letzten Schritt zu vollziehen. Wir bereiten die Schlüsselübergabe vor, nehmen die Zählerstände für Strom und Gas auf und notieren alle relevanten Details. So erledigen wir alles abschließend. Dann verabschieden wir uns und wünschen allen Beteiligten eine gute Zeit – den einen mit dem Geld und den anderen mit der neuen Immobilie.

Ermittler statt Verkäufer

Ich erinnere mich an ein älteres Ehepaar, das versucht hat, sein Reihenendhaus zu verkaufen. Zuerst auf eigene Faust, was jedoch in niedrigen Besichtigungszahlen resultierte. Dann schlug ihr Sohn, ein alter Freund von mir, vor, dass ich seine Eltern anrufen und ihnen helfen sollte.

Mit einem gewissen Maß an Vorsicht und Respekt, wie es sich für einen Immobilienprofi gehört, nahm ich das Telefon in die Hand und sprach zuerst mit dem Vater. Ich schlug vor, deren Online-Inserat vorübergehend zu löschen, um es vor ›Ausbrennung‹ zu schützen, also dass sich irgendwann niemand mehr für das Haus interessiert, weil es zu lange auf dem Markt gehalten wurde.

Das erste Treffen lief ziemlich formal ab; bewaffnet mit datenbasierten Zahlen und einer realistischen Marktbewertung konnte ich das Ehepaar und ihren Sohn überzeugen. Die Zahlen waren niedriger als das, was sie sich erhofft hatten, aber ich garantierte ihnen, dass wir das Haus für diesen Preis verkaufen könnten – und das taten wir auch.

Während des Verkaufsprozesses kamen jedoch unerwartete Eventualitäten ins Spiel. Der Plan des Paares etwa, auf dem Grundstück ihrer Tochter zu bauen, die Notwendigkeit eines Darlehens, steuerliche Fragen und sogar familiäre Probleme.

Ich sprach mit meinem Steuerberater, mit der Bank und dem Notar und löste Probleme, von denen sie nicht einmal wussten, dass sie sie hatten! Ich fühlte mich zeitweise mehr wie ein Ermittler in einer Detektivserie als wie ein Immobilienmakler.

Genau das macht mein Tätigkeitsfeld so interessant: Die Notwendigkeit, auf unerwartete Situationen reagieren zu können und dabei einen kühlen Kopf zu bewahren. Am Ende des Tages sagte das Paar, wie sehr sie es schätzten, dass sie mich immer anrufen konnten, wenn sie ein Problem hatten – und dass ich ihnen dadurch schlaflose Nächte ersparte.

Deshalb liebe ich diesen Beruf so! Jede Immobilie hat ihre eigene Geschichte und jeder Verkaufsprozess bringt seine eigenen Überraschungen mit sich. Es ist nicht nur der Verkauf eines Hauses, es ist auch die Erleichterung von Stress und die Bereitstellung eines Rundum-Sorglos-Pakets für die Verkäufer. Nicht nur eine Transaktion, sondern eine kleine Reise.

Das Ehepaar hat sich bereit erklärt, ihre Sicht auf die Dinge zu schildern:

99

Unseren Ruhestand hatten wir uns etwas anders vorgestellt.
Wir, ein Ehepaar im fortgeschrittenen Alter, mit vier erwach-
senen Kindern. Leider kann man sich nicht alles im Leben
aussuchen, und so bot sich die Lösung unserer Kinder an:
Wir verkaufen unser Haus und bauen das Haus unserer
Tochter für uns alle um und aus.

»Die Kosten für einen Makler können wir uns sparen«, meinte
mein Mann. Doch das stellte sich schnell als Trugschluss
heraus, denn zwischen dem Entschluss und der Umsetzung
wuchs bedrohlich die Frage: »Wie stellen wir unser Haus vor,
interessieren Leute dafür, erzielen Gewinn, packen Kisten und
Koffer, vereinbaren Termine und so weiter?" Die Menge der
zu erledigenden Dinge wuchs uns über den Kopf. Außerdem
hatten wir eine Vorstellung eines Verkaufspreises, der zu
dieser Zeit einfach nicht mehr zu erreichen war.

Gott sei Dank hat unser Sohn uns dann empfohlen, uns an
Herrn Oertel zu wenden. Das erste Zusammentreffen mit
Herrn Oertel war geprägt von Empathie und Verständnis
für unsere Lage und Sichtweise. Er machte uns klar, dass
wir zwar ein sehr gepflegtes Reihenendhaus anzubieten
hatten, aber unsere »Liebe« zu unserem Haus hatte realistisch
gesehen nichts mit der aktuellen Preisentwicklung auf dem
Immobilienmarkt zu tun.

Mit ihm zusammen konnten wir eine andere Preisvorstellung
annehmen, denn er entwickelte unser Verständnis für die
Einzelheiten behutsam und erklärend. Sehr zügig entstand
eine Präsentation unseres Heims, die wir allein nicht hätten
erstellen können.

„"

Es war spannend, virtuell durch unsere Räume zu gehen und
zu sehen, wie sich das Haus darstellte. Die Auswahl der Interessenten war ganz gezielt, und so sahen wir dem ersten Tag
der »offenen Tür« für Besichtigungen gespannt entgegen.
Herr Oertel und seine Mitarbeiter waren zu jedem Zeitpunkt
an unserer Seite. Selbst Fragen, die sich außerhalb
der Geschäftszeiten ergaben, wurden sofort beantwortet.

Es klingelte, und Herr Oertel stand lachend in der Tür und
fragte nach, welches Problem uns bedrückte. Es gab so viele
Momente, in denen Herr Oertel uns beruhigte und
die er durch einige Telefonate klärte.

So entstand ein menschliches Miteinander,
das herzlicher nicht sein konnte. Wir haben dreißig Jahre
in dem Reihenendhaus gewohnt und gelebt. Es gibt viele
Erinnerungen, die wir mit dem Haus verbinden –
schöne und auch schwere Zeiten haben wir dort erlebt.

Dennoch – der Entschluss, etwas Neues zu beginnen, und die
Hilfestellung durch Herrn Oertel haben uns den Abschied
leichter gemacht. Auch im Rückblick sind wir noch dankbar
für die Abwicklung, Begleitung und Unterstützung durch
Herrn Oertel, der seinen Beruf als Berufung versteht und
sensibel und mit positiver Perspektive den Prozess des
Verkaufs eines Hauses mit seinen Kunden durchschreitet.

Angekommen im neuen Heim sind wir dankbar dafür, dass
wir den Menschen Herrn Oertel gefunden haben und nicht
nur auf den Immobilienmakler Herrn Oertel gestoßen sind.

»Vielen lieben Dank, Herr Oertel!«

Familie Wisdorf

Retter in der Not

Ab und zu fungieren wir als Feuerwehrmann, wie bei einem Kunden, den ich über Monate hinweg immer wieder kontaktiert habe, um ihn zu überzeugen, seine Immobilie rechtzeitig zu verkaufen, denn wir haben gesehen, dass Zögern oft nicht belohnt wird. Immer wieder lehnte er ab und sagte: »Nein, aktuell nicht. Melden Sie sich gerne erneut.« Aber ich wusste um das Potenzial der Immobilie, also blieb ich hartnäckig.

Eines Tages war es dann so weit. Ich rief ihn wieder an und er sagte: »Herr Oertel, gut, dass Sie anrufen. Ich fürchte, ich muss die Immobilie jetzt verkaufen.« – »Sie *müssen*? Was bedeutet das?«

Er erzählte mir, dass sich die beiden Mehrfamilienhäuser in der Zwangsversteigerung befänden. Da musste ich schlucken, denn das bedeutete, dass vorher bereits einiges schiefgelaufen war. Ich verstand außerdem, dass wir tatsächlich *schnell* handeln mussten. Ich organisierte eine Vollmacht, um im Namen des Kunden handeln zu können, und begann meine Recherche. Als er mir dann noch beichtete, den gesamten Schriftverkehr verloren zu haben, ahnte ich, dass das kein leichtes Unterfangen werden würde.

Ich kontaktierte die Gläubiger und das Amtsgericht, wollte alles über den Fall erfahren, um eine Lösung zu finden. Ich erfuhr, dass die Ursache des Problems darin lag, dass die Grundabgaben an die Stadt nicht bezahlt worden waren.

Der Gläubiger leitete ein Zwangsversteigerungsverfahren ein, indem er einen Sachverständigen einbrachte, der die Immobilien bewertete. Kommt dieser nicht in die Immobilie rein, bewertet er nur das, was er von außen sieht, und macht Abschläge. Auf dieser Grundlage wird ein Verkehrswertgutachten erstellt, das dem Amtsgericht vorgelegt wird – und dann wird zu diesem Preis versteigert.

Wir sprachen mit dem Gläubiger und teilten ihm mit, dass wir eine Kostenaufstellung brauchen, die wir auch bekamen. Im Prinzip musste mein Kunde die angefallenen Kosten tragen und auch die Abgaben bezahlen – dies würde das Verfahren stoppen.

Wichtig zu wissen: Dieser Weg kann nur einmal beschritten werden, bei einem etwaigen zweiten Mal würde ihm nicht mehr geglaubt werden, dass er die Schulden begleichen kann, und dann wäre eine Zwangsvollstreckung unausweichlich.

Die Zusammenarbeit mit der Stadt gestaltete sich in diesem Fall jedoch äußerst positiv. Eine Mitarbeiterin, die wirklich engagiert und lösungsorientiert war, half uns dabei, das Verfahren zu beenden. Ich war beeindruckt und dankbar zugleich. Selten treffe ich in Ämtern auf solch hilfsbereite Menschen.

Mein Kunde zahlte die offenen Beträge, und wir konnten das Verfahren erfolgreich aus der Zwangsversteigerung herauslösen. Die Immobilien waren gerettet.

Diese Erfahrung war eine Lehre für uns alle: Man sollte Probleme nicht ignorieren, sondern frühzeitig angehen. Und es gibt tatsächlich Menschen im öffentlichen Dienst, die ihren Job als Dienstleister verstehen und wirklich helfen wollen. Nochmals danke nach Marl!

Komplexe Fälle

Immer wieder kommt es zu komplexeren Fällen, insbesondere dann, wenn Betreuer involviert sind. Diese werden vom Amtsgericht bestellt, um Immobiliengeschäfte für Personen abzuwickeln, die dies aus verschiedenen Gründen nicht eigenständig bewältigen können. Eines Tages wurde ich von einer Betreuerin angesprochen, die regelmäßig mit mir zusammenarbeitete. Sie brachte mir eine Wohnung eines älteren Ehepaares, die nun aufgrund ihrer Versorgungssituation umziehen mussten. Die Betreuerin hatte bereits die Aufgabe übernommen, die Wohnung zu räumen, und nun war es unsere Aufgabe, den Wert der Immobilie zu bestimmen.

Die Bewertung der Immobilie ist ein komplexer Prozess. Nachdem wir eine Einschätzung abgegeben hatten, gab die Betreuerin grünes Licht für den Verkauf. Hier wird es knifflig: Vor dem endgültigen Verkauf muss das Betreuungsgericht die Zustimmung erteilen. In einem bestimmten Fall gaben sie zunächst ihre Zustimmung, verlangten jedoch nach dem Notartermin eine erneute Begutachtung durch einen Sachverständigen.

Dieses Hin und Her kann verwirrend sein. Erst wird uns signalisiert, dass wir verkaufen dürfen, und dann wird plötzlich eine weitere Überprüfung gefordert. Um solche Komplikationen zukünftig zu vermeiden, haben wir beschlossen, einen eigenen Sachverständigen hinzuzuziehen. Dieser erstellt ein Verkehrswertgutachten, das den tatsächlichen Wert der Immobilie bestimmt.

Leider wird oft übersehen, dass es einen Unterschied zwischen dem Verkehrswert und dem Marktwert einer Immobilie gibt. Dies führt zu Irritationen, besonders wenn Betreuungsgerichte, die keine Marktkenntnisse besitzen, unangemessene Preisvorschläge machen. Das schafft ein Dilemma. Wie verkauft man beispielsweise einen Stellplatz für 18.000 Euro, wenn niemand bereit ist, diesen Preis zu zahlen? Oder eine Wohnung für 70.000 Euro, wenn diese nur 50.000 Euro wert ist.

Betreuung als solche wird immer relevanter, da immer mehr Menschen den Wunsch haben, bis zu ihrem Lebensende in ihrem eigenen Heim zu bleiben. Wir werden als Makler also immer häufiger mit Betreuern zusammenarbeiten. Trotz der daraus resultierenden Herausforderungen bietet das auch Vorteile; viele Betreuer verlassen sich auf uns, da sie um unseren erstklassigen Service wissen. Dies hat oft dazu geführt, dass wir von zufriedenen Kunden weiterempfohlen wurden und damit Folgegeschäfte generieren konnten.

Unverschämt unrealistische Forderungen

Oft erlebe ich eine Diskrepanz zwischen dem, was Menschen für ihre Immobilien haben wollen und dem, was der Markt tatsächlich bereit ist zu zahlen. Kunden fragen mich:»Wie viel kann ich für mein Eigentum verlangen?«, und ich entgegne häufig mit der Bitte um eine Schätzung. Das mache ich nicht, um den Kunden vor den Kopf zu stoßen, sondern um ein Gefühl dafür zu bekommen, ob die Vorstellungen realistisch sind.

Ein wichtiger Aspekt des Verkaufsprozesses ist der Preis – er muss im Einklang mit dem aktuellen Markt stehen. Viele Privatverkäufer neigen dazu, unrealistische Beträge zu schätzen, oft beeinflusst durch emotionale Bindungen an ihre Immobilie. Doch Emotionen dürfen nicht in den sachlichen Überblick eingreifen. Ein hilfreicher Trick, den ich den Kunden oft empfohlen habe, ist, sich selbst zu fragen, ob sie bereit wären, den von ihnen angesetzten Preis unter Berücksichtigung aktueller Zinsen und Marktbedingungen selbst zu zahlen.

Ein prägnantes Beispiel aus meiner Erfahrung war ein Kunde in Wuppertal-Barmen mit einer Siebzig-Quadratmeter-Wohnung, der 300.000 Euro verlangte. Einem unbeteiligten Laien wäre klar: Das ist zu viel. Aber der Verkäufer sah das nicht. Ich fragte ihn:»Würden Sie Ihre eigene Wohnung für diesen Preis kaufen, wenn sie heute auf dem Markt wäre und Sie nach einer Immobilie suchten?«

Die angestoßene Selbstreflexion war der Schlüssel und half, von den Forderungen abzurücken.

Der Wunschpreis und der tatsächliche Marktwert sind zwei verschiedene Dinge. Meine Aufgabe ist, die beiden Aspekte miteinander in Einklang zu bringen. Ein weiterer wichtiger Punkt ist das Verständnis für den Zinsmarkt und den Wert von Kapitalanlagen, um den Wert einer Immobilie realistisch einzuschätzen. Während nicht jeder die Fähigkeit besitzt, dies zu berechnen, sind ein grundlegendes Bauchgefühl und gesunder Menschenverstand unerlässlich.

Oft werden die Pflege und die Instandhaltung einer Immobilie übersehen. Wer eine Immobilie kauft und sie gut pflegt, kann erwarten, eine angemessene Rendite bei einem Verkauf zu erzielen. Leider gibt es viele, die ihre Immobilien jahrzehntelang vernachlässigen und nicht verstehen, dass dieses Gebaren die Preiserwartung senkt.

In vielen Fällen haben Eigentümer eine Immobilie erworben, initiale Investitionen getätigt und dann über Jahre hinweg *wenig* bis *keine* Instandhaltungsmaßnahmen durchgeführt.

Wenn sie dann einen hohen Preis ansetzen, der weit über dem liegt, was sie ursprünglich bezahlt haben, ohne Berücksichtigung der fehlenden Investitionen über die Jahre, wird es schwierig.

Meine Rolle besteht oft darin, solchen Eigentümern die Realität des Marktes nahezubringen und ihnen zu helfen, ihre Erwartungen entsprechend anzupassen.

Das ist nicht immer einfach, aber notwendig.

Ein verantwortungsbewusster Immobilienmakler muss in der Lage sein, harte Wahrheiten zu kommunizieren und gleichzeitig Empathie und Verständnis für die emotionalen Bindungen zu zeigen, die viele Eigentümer zu ihren Immobilien haben.

"

Immobilien erfolgreich vermarkten mit der Oertel-Methode

Der Immobilienmarkt ist heutzutage ein komplexes und dynamisches Umfeld. Umso wichtiger ist es, bei der Vermarktung der eigenen Immobilie auf einen erfahrenen und kompetenten Partner zu setzen, der diese optimal präsentiert und zum bestmöglichen Preis verkauft. Sascha Oertel und seine einzigartige Oertel-Methode sind genau die richtige Wahl.

Expertise, Leidenschaft und Vertrauen: die drei Säulen der Oertel-Methode.

Sascha Oertel verfügt über tiefgreifendes Wissen über den Immobilienmarkt und die Bedürfnisse seiner Kunden. Seine Expertise basiert auf langjähriger Erfahrung und kontinuierlicher Weiterbildung. Mit Leidenschaft und Begeisterung widmet er sich jeder Immobilie und entwickelt maßgeschneiderte Vermarktungsstrategien, die den individuellen Charakter und das Potenzial Ihrer Immobilie herausstellen.

Vertrauen ist die Basis jeder erfolgreichen Zusammenarbeit. Sascha Oertel pflegt eine offene und ehrliche Kommunikation mit seinen Kunden und nimmt sich Zeit, Ihre Fragen und Anliegen umfassend zu verstehen. Er berät Sie transparent und individuell und steht Ihnen während des gesamten Vermarktungsprozesses kompetent zur Seite.

Erfolgreiche Vermarktung Ihres Mehrfamilienhauses dank der Oertel-Methode

Persönlich habe ich Sascha Oertel bei der Vermarktung eines Leerstandsprojekts kennengelernt. Seine innovativen Ideen und sein tatkräftiges Engagement haben mich sofort überzeugt. Als es darum ging, unser eigenes Mehrfamilienhaus zu verkaufen, stand für mich daher fest, wen ich beauftragen sollte.

Sascha Oertel begeisterte uns von Anfang an mit seiner offenen und ehrlichen Art. Er nahm sich Zeit, unser Haus genau kennenzulernen und uns einen realistischen Verkaufspreis vorzuschlagen. Die Zusammenarbeit mit ihm verlief reibungslos und vertrauensvoll. Dank seiner professionellen Arbeit und seines unermüdlichen Einsatzes konnten wir unser Haus innerhalb kürzester Zeit zu einem guten Preis verkaufen.

Fazit

Ich kann Sascha Oertel und seine Oertel-Methode jedem weiterempfehlen, der seine Immobilie erfolgreich vermarkten möchte. Profitieren Sie von seiner Expertise, Leidenschaft und seinem Engagement und erzielen Sie den bestmöglichen Preis für Ihr Haus oder Ihre Wohnung.

Familie Hannert

Hinter den Kulissen

In diesem Kapitel erlaube ich einen Blick hinter die Kulissen und schildere, worauf wir in den einzelnen Etappen achten. Wir sprechen über die Preisfindung, die Präsentation, die Verhandlungen und darüber, was nach dem Verkauf passiert.

Teil 1: Immobilienbewertung und Preisfindung

In unserer Branche gibt es verschiedene Methoden für unterschiedliche Objekte. Häufig kommt das Sachwertverfahren zum Einsatz, insbesondere für die Bewertung von Wohnungen. Das Verfahren wird angewendet, wenn der Sachwert bei der Preisfindung besonders relevant ist und das Vergleichs- und Ertragswertverfahren nicht ausreichend Informationen liefern. Typischerweise gilt dies insbesondere für folgende Objekte:

- Wohnungen
- Reihenhaus
- Doppelhaus
- Einfamilienhaus

Die Berechnung des Sachwertverfahrens basiert auf den Herstellungskosten der Gebäude und sonstigen Anlagen. Zusätzlich wird der Bodenwert zu diesen Kosten addiert und eine Alterswertminderung berücksichtigt, um den vorläufigen Sachwert zu ermitteln. Durch eine Bereinigung wird der endgültige Sachwert ermittelt. Wie beim Ertragswertverfahren werden Bodenwert und Wert der Bauten getrennt ermittelt. Die Frage ist: *Wie viel würde es kosten, um das gleiche Gebäude heute zu errichten?* Dieser Betrag wird dann um den Wertverlust aufgrund des Alters von gebrauchten Immobilien reduziert, also um die Abschreibung. Das Sachwertverfahren konzentriert sich hauptsächlich auf die sachliche Bewertung der Bausubstanz und eignet sich gut zur Beurteilung der Qualität eines Objekts.

Ein alternatives Verfahren ist das Vergleichswertverfahren, das zum Einsatz kommt, sofern die Kommune einen Grundstücksmarktbericht zur Verfügung stellt. Dann kann ein Vergleichswert herbeigezogen werden. Dieser Grundstücksmarktbericht wird jährlich vom Gutachterausschuss der jeweiligen Kommune erstellt und beinhaltet echte Verkaufszahlen aus dem Vorjahr. Die Daten aus dem Grundstücksmarktbericht sind jedoch vergangenheitsorientiert. In ungewöhnlichen Situationen, wie zum Beispiel während eines Krieges oder in Zeiten hoher Inflation, können diese verzerrt sein. Um aktuelle Veränderungen wie steigende Zinsen, Inflationsniveaus und Energiepreise zu berücksichtigen, sind Markterfahrung und Expertise nötig. Ein höheres Inflationsniveau kann dazu führen, dass Immobilienpreise sinken, da die Nachfrage abnimmt. In solchen Fällen müssen sowohl

Immobilienmakler als auch Käufer die Veränderungen auf dem Markt verstehen und entsprechend handeln. Dies kann beinhalten, dass ein bereits festgesetzter Preis nachjustiert werden muss – eine Herausforderung, wenn das Objekt bereits auf dem Markt ist.

Zur genaueren Bewertung einer Immobilie, insbesondere bei Anlageobjekten wie Mehrfamilienhäusern, kann das Ertragswertverfahren genutzt werden. Dabei wird die Jahresnettokaltmiete als Grundlage für den Verkaufswert genommen. Dieses Verfahren ist geeignet für Immobilien, die eine Rendite abwerfen, da sie vor allem anhand der erzielbaren Einnahmen bewertet werden. Beispiele dafür sind vermietete Mehrfamilienhäuser, Pflege- oder Gewerbeimmobilien. In solchen Fällen liegt der Fokus auf dem Ertrag, den der Eigentümer aus der Immobilie erzielen kann, anstelle des reinen Sachwerts. Der Ertragswert setzt sich aus dem Wert des Grundstücks und dem Ertragswert des Gebäudes zusammen. Bei der Berechnung dieser Faktoren spielen insbesondere die ortsübliche Vergleichsmiete, der Bodenrichtwert und der Liegenschaftszins eine Rolle.

Aus den Sachwert-, Vergleichswert- und Ertragswertverfahren ermitteln wir den Marktwert. Je nach Immobilie kann das passende Verfahren ausgewählt werden, wobei manchmal auch eine Kombination der Verfahren oder ein Vergleich der Ergebnisse sinnvoll sein kann.

Eine weitere Komponente bei der Immobilienbewertung und -vermittlung ist das *Netzwerk* eines Maklers.

Ein gut vernetzter Makler kann seinem Kunden eine breite Palette an Dienstleistungen bieten, indem er Zugang zu Fachleuten aus verschiedenen Bereichen wie Erbrecht oder Insolvenzrecht hat. Dieser Netzwerkzugang kann dazu beitragen, etwaige Probleme schnell und effizient zu lösen und dem Kunden einen wertvollen Mehrwert bieten.

Die Kenntnis der relevanten Ämter und eine effektive Nachlassbetreuung sind ebenfalls Teil des Leistungsspektrums. Bei der Auswahl eines Maklers ist es daher empfehlenswert, dessen Netzwerk und seine Erfahrung in verschiedenen Bereichen zu prüfen. Denn ein gut vernetzter Immobilienmakler bringt definitiv einen Mehrwert, da Menschen mit Menschen Geschäfte machen und sich gegenseitig helfen. Ein Makler bietet also einen Service, den eine Privatperson in der Regel nicht leisten kann.

Zu hoch geschätzt?

Bei einem Kunden war es besonders herausfordernd, da er bereits stark von der Einschätzung eines vorangegangenen Experten beeinflusst war. Dieser war zwar Sachverständiger, aber in einer anderen Branche. Er hatte die Immobilie meines Kunden auf 500.000 Euro geschätzt. Klar – da wurde ihm der Mund wässrig. Bereits bei der ersten Begehung wusste ich, dass das nicht stimmen konnte. Ich versprach jedoch, die Zahlen mit nach Hause zu nehmen und alles gewissenhaft zu prüfen. Das tat ich dann auch – und mein Ergebnis lag knapp 200.000 Euro unter dem, was der Kunde im Kopf hatte. Beim nächsten

Treffen präsentierte ich meine Bewertung und erklärte diese, was nicht leicht war, da an einer Immobilie immer viele Emotionen hängen – und gerade dann, wenn man sich gedanklich schon an einer halben Million Euro orientiert. Glücklicherweise war der Kunde selbst auch ein Zahlenmensch und erkannte die Plausibilität meiner Bewertung. Dennoch war es schwer, ihn von dem ersten Gedanken herunterzubringen. Ich ließ nicht locker und führte ihm alle Zahlen, Daten und Fakten vor, die meine Bewertung stützten. Nach einem langen Gespräch konnte er die Realität nicht länger ignorieren. Er stimmte zu, die Immobilie zu dem von mir ermittelten Preis zu verkaufen. Obwohl der Verkaufspreis niedriger war als die ursprüngliche Vorstellung, erzielte er dennoch eine schöne Summe, war zufrieden mit der Entscheidung, uns als Makler gewählt zu haben, und wir blieben auch nach dem Verkauf in Kontakt. Das Vertrauen wuchs und er empfahl uns weiter.

Solche Anekdoten zeigen, wie wertvoll es ist, den Kunden ehrlich zu beraten und realistische Zahlen zu präsentieren. Als Makler ist es unsere Verantwortung, den Markt zu kennen und den Kunden eine klare Vorstellung von der realistischen Bewertung ihrer Immobilie zu geben. Manchmal müssen wir den Mut haben, den Kunden zu widersprechen und ihre Erwartungen zu korrigieren. Am Ende profitieren alle Seiten, denn ich hätte kein Interesse daran, ein Gebäude unter Wert zu verkaufen, weil ich mir damit auch wirtschaftlich selbst ins Knie schießen würde, da sich meine Provision an der Höhe des Verkaufspreises bemisst.

In einem anderen Fall hatte ein älteres Ehepaar bereits eigenständig versucht, ihr Haus zu verkaufen, den Preis dabei aber um satte 140.000 Euro über dem realistischen Marktwert angesetzt. Als ich mich mit ihnen traf, riet ich ihnen sofort, das Angebot unsichtbar zu schalten, um es nicht zu ›verbrennen‹. Sie kamen meiner Empfehlung nach und das gab mir die Möglichkeit, ihnen zu erklären, warum der Preis viel zu hoch war. Natürlich hatten sie nicht mit Absicht übertrieben, sondern einfach nicht gewusst, welchen Wert ihr Haus tatsächlich hatte. Meine Aufgabe bestand nun darin, ihnen die Realität mit Zahlen, Daten und Fakten zu vermitteln. Ich führte eine gründliche Marktwertermittlung durch und legte ihnen alle relevanten Vergleichswerte vor. Es war erneut eine Herausforderung, sie davon zu überzeugen, dass ihr Preis unrealistisch war. Ich blieb abermals geduldig und schrittweise gelang es mir, ihnen die richtige Perspektive zu vermitteln. Auch sie nahmen meine Argumente an und gemeinsam einigten wir uns auf einen Preis, der dem realen Marktwert entsprach. Obwohl es weniger war, als sie sich ursprünglich erhofft hatten, wussten sie, dass dies der richtige Weg war.

Die Zusammenarbeit mit diesem Paar war angenehm. Sie waren dankbar für meine ehrliche Beratung und die Mühe, die ich in die Marktwertanalyse gesteckt hatte. Mit diesem Vertrauen konnten wir eine vertrauensvolle Beziehung aufbauen. Es machte mich glücklich zu sehen, wie sie letztendlich ihre Immobilie zu einem fairen Preis verkaufen konnten und mit dem Ergebnis zufrieden waren.

Teil 2: Marketing und Präsentation

Eines der zentralen Elemente im Immobilienverkauf ist die angemessene Darstellung der Immobilie, wir sprachen bereits darüber. Diese muss die Stärken hervorheben und über die Schwächen informieren, um Enttäuschungen oder Nachverhandlungen zu vermeiden. Ein sorgfältiger und gründlicher Ansatz bei der Sammlung und Prüfung aller relevanten Daten ist für die Vorbereitung eines aussagekräftigen Exposés unerlässlich.

Der Schlüssel liegt in der genauen Kenntnis der Zielgruppe. Eine Immobilie kann für verschiedene Käufergruppen attraktiv sein: Familien, Alleinstehende, Jüngere, Ältere, Berufseinsteiger oder Sesshafte. Jede dieser Gruppen hat spezifische Anforderungen und Wünsche, die wir bei der Erstellung des Werbematerials berücksichtigen.

Ein qualitativ hochwertiges Exposé beinhaltet nicht nur vollständige und akkurate Unterlagen, sondern auch professionelle Fotos und sogar einen 3D-Scan. Diese visuellen Elemente helfen dem Kunden, sich die Immobilie besser vorzustellen und eine Kaufentscheidung zu treffen. Im Idealfall sollte das Exposé so gestaltet sein, dass der Kunde sich sofort in die Immobilie hineinversetzen kann.

Achtung: Das, was uns als Makler gefällt, muss nicht unbedingt dem entsprechen, was dem potenziellen Käufer gefällt.

Die Immobilie muss den Geschmack des Kunden treffen, der sich darin wohlfühlen sollte, der Köder muss dem Fisch schmecken, nicht dem Angler. Das gilt für so vieles in der Wirtschaft, eben auch für Immobilienverkäufe.

Zum Verständnis der Zielgruppe gehört auch die Kenntnis der Bewohnerstruktur im Haus oder in der Nachbarschaft. Für einige Käufer kann die demografische Zusammensetzung des Hauses oder der Nachbarschaft eine Rolle spielen. Eine alleinstehende Person etwa könnte ein Haus mit einer ausgewogenen Altersstruktur bevorzugen, während ein Student sich unter seinesgleichen wohlfühlen würde.

Das Marketing und die Präsentation einer Immobilie sind nicht nur auf die Erstellung eines individuell gestalteten Exposés beschränkt, sie umfassen auch die Erstellung von Texten, die die potenziellen Käufer ansprechen und ihre Emotionen adressieren. Diese Texte sollten nicht nur informativ sein, sondern den potenziellen Käufer dazu einladen, sich in die Immobilie ›hineinzufühlen‹.

Die Ausführungen über die Immobilie im Exposé müssen die potenziellen Käufer dazu verleiten, sich das Leben in der Immobilie vorzustellen. Sie müssen durch das Lesen des Textes und das Betrachten der Bilder eine klare Vorstellung von der Immobilie bekommen. Marketing und Präsentation sind also elementare Bestandteile einer erfolgreichen Immobilienvermittlung. Ohne diese Komponenten wird der richtige Käufer womöglich nicht gefunden und es kann zu unnötigen Verhandlungen kommen.

Nach der Erstellung folgt die Immobilienbesichtigung. Hier kann der Interessent die Immobilie persönlich begutachten und feststellen, ob das, was er in der Anzeige gesehen und gelesen hat, der Wahrheit entspricht. Wenn es Diskrepanzen zwischen den Informationen im Exposé und der tatsächlichen Immobilie gibt, wird der potenzielle Käufer zögern und Fragen stellen.

Fotos, die nicht die Beschaffenheit der Immobilie dargestellt haben, können zu dieser Diskrepanz führen, es sollten daher aktuelle, qualitativ hochwertige und realistische Bilder verwendet werden. Fehler, wie das Fotografieren gegen das Licht, offene Toilettenschüsseln oder ein Wäscheständer im Wohnzimmer, sollten vermieden werden.

Hochwertige und realistische Fotos ermöglichen es dem Kunden, sich ein authentisches Bild von der Immobilie zu machen. Auf diese Weise kann er sich bei der Besichtigung wiederfinden und sich bestätigt fühlen.

Zusammengefasst ist eine präzise, ehrliche und visuell ansprechende Präsentation von Immobilien ein unerlässlicher Bestandteil. Sie hilft dabei, die richtige Zielgruppe anzusprechen und deren Bedürfnisse zu erfüllen.

Teil 3: Die Verkaufsverhandlungen

Die aktuelle Dynamik des Immobilienmarkts stellt uns Makler vor ein Luxusproblem: die Auswahl aus mehreren Interessenten. Ereignisse wie die Energiewende oder der Ukraine-Krieg und die sich daraus entwickelnde Inflation führen dazu, dass wir nicht mehr so viele Interessenten für eine Immobilie haben wie noch vor anderthalb Jahren. Im jetzigen Klima ist es oft nötig, mehr mit potenziellen Käufern zu sprechen, anstatt sie lediglich ›zuzuweisen‹. Dies kann bedeuten, dem Interessenten offen zu sagen, dass es mehrere Bieter für die Immobilie gibt. Wenn zum Beispiel der Marktpreis für eine Immobilie bei 100.000 Euro liegt und es drei Interessenten gibt, ist es unsere Aufgabe, mit dem Eigentümer zu sprechen und eine Strategie zu entwickeln. Wir können eine Immobilie nur einmal verkaufen, also müssen wir verschiedene Faktoren abwägen. Manchmal entscheiden wir, den Preis zu erhöhen. Andere Male kann der Eigentümer entscheiden, dass er mehr Wert auf den ›richtigen‹ Käufer legt als auf den Preis. Als Makler können wir ihm aufgrund unserer Erfahrung bei der Besichtigung empfehlen, welcher Käufer am besten passt.

Es gibt mehrere Möglichkeiten, wie dieser Prozess ablaufen kann. Oft gibt uns der Eigentümer die Freiheit, den Preis auszuhandeln. Manchmal hat der Eigentümer bereits eine bestimmte Person im Kopf, die er als seinen ›Nachfolger‹ sieht. In jedem Fall ist es wichtig, allen beteiligten Parteien klar zu kommunizieren, was passiert.

Es ist auch wichtig, potenzielle Käufer ›auf Standby‹ zu halten, denn es kann unvorhergesehene Umstände geben, die eine Finanzierung platzen oder den Interessenten sich zurückziehen lassen.

Sollte der Eigentümer jedoch keine Vorlieben für einen bestimmten Käufer haben und nur der Preis die Wahl beeinflussen, liegt es in unserer Verantwortung, mit den drei Interessenten zu sprechen und ihnen die Möglichkeit zu geben, ihr Angebot zu erhöhen. Der Verkauf geht dann an den Interessenten mit dem besten Angebot.

Allerdings gibt es auch Leute, die nicht an solchen Verhandlungen teilnehmen wollen, was verständlich ist. In Zeiten großer Nachfrage überbieten sich die Käufer oft gegenseitig ohne unser Zutun. Es liegt jedoch nicht in unserer Absicht, die Preise künstlich in die Höhe zu treiben. Unsere Aufgabe ist es, eine Bewertung vorzunehmen und ein Angebot basierend auf dieser Bewertung zu machen.

In schwierigeren Zeiten hängt der Verkaufserfolg stark von der Fähigkeit des Maklers ab, zu verkaufen und die Wünsche des Käufers zu verstehen. In den Verkaufsverhandlungen heben wir die Attraktivität der Immobilie für den potenziellen Käufer hervor und sprechen mit ihm offen über den Preis.

Viele Verkäufer ›hängen‹ zu stark an ihrer Immobilie und verhandeln daher subjektiv. Wir als Makler können dagegen vergleichsweise objektiv und klar über die Fakten argumentieren.

Es ist auch in Ordnung, den Verkauf nicht zu überstürzen. Man muss nicht immer sofort zusagen. Es ist oft vorteilhaft, den Interessenten Zeit zum Nachdenken zu geben, um spätere Reue zu vermeiden. Mit diesem Ansatz haben wir bisher immer gute Ergebnisse erzielt.

Die Verkaufsverhandlungen und der gesamte Prozess erfordern *Erfahrung, Intuition* und *Kommunikationsfähigkeiten*. Die Fähigkeit, zwischen Verkäufer und Käufer zu vermitteln, ist das, was gute von exzellenten Immobilienmaklern unterscheidet.

Die Einhaltung dieses Vorgehens kann anspruchsvoll sein, hat sich aber in der Praxis bewährt. Es ermöglicht uns, sowohl den Verkäufer als auch den Käufer durch den Prozess zu führen und gleichzeitig eine faire und transparente Atmosphäre zu gewährleisten.

Eine Schlüsselkomponente ist die Fähigkeit, während der Verhandlungen offen und ehrlich zu kommunizieren. Sollten Käufer Preisnachlässe verlangen, indem sie kleinere Mängel wie defekte Steckdosen oder unpassende Farbschemata anführen, müssen wir als Makler bereit sein, diese Anliegen zu adressieren und entsprechend zu verhandeln. Große Preisnachlässe aufgrund kleiner Mängel sind unangemessen.

Verkäufer, die selbst in der Immobilie leben, bringen häufig starke emotionale Bindungen mit, die die Verhandlungen beeinflussen können. Als Makler bieten wir eine neutrale Perspektive, die es uns ermöglicht, Verhandlungen objektiv zu führen und die wahren Vorzüge der

Immobilie hervorzuheben. In diesem Prozess müssen alle die Realität der Situation klar kommunizieren: Die Immobilie ist so, wie sie ist, und wenn ein Verkauf nicht erzielt werden kann, können wir geduldig auf die richtige Gelegenheit warten.

In Fällen, in denen der Verkäufer nicht unter Druck steht, ist es durchaus möglich und sogar ratsam, den Verkaufsprozess zu verlangsamen und die Dinge reifen zu lassen. Dies kann bedeuten, dass wir vorschlagen, eine Pause einzulegen und in ein oder zwei Tagen zurückzukommen, um die Situation zu überdenken.

In diesem Sinne argumentiere ich immer wieder, dass der Verkauf einer Immobilie nicht übers Knie gebrochen werden kann. Es ist eine Entscheidung von großer Tragweite, über die man schlafen sollte. Der Verkäufer kann seine Entscheidung überdenken und eventuell auftretende Reue vermeiden. Schließlich wird der endgültige Schritt mit dem Makler besprochen und ausgeführt.

Mithilfe dieses Ansatzes arbeiten wir mit allen Parteien effektiv zusammen und erzielen erfolgreiche Verkaufsergebnisse.

*

Es gab mal eine Immobilie, für die wir nur drei potenzielle Käufer gefunden haben, und diese wenigen Interessen zeigten auch nicht gerade leidenschaftliches Engagement. Mit einem kamen wir verbindlicher ins Gespräch, die anderen lagen mit ihren Angeboten unter dem von uns festgesetzten Inseratspreis. Wenn wir einen solchen angeben, ist dieser jedoch *fest*.

Der verbindlichere Interessent bot bei der Verkaufsverhandlung dann plötzlich 10.000 Euro weniger als den Angebotspreis. Ich sprach mit dem Eigentümer und erfuhr, dass dieser im Zweifel damit leben könne – ich fühlte mich jedoch nicht wohl dabei. Mein Kunde war besorgt, dass der Käufer abspringen könnte, und dann bliebe uns niemand mehr übrig.

Die anderen beiden Interessenten gaben dann, nach weiterer Rücksprache, einen Preisnachlasswunsch in Höhe von 20.000 Euro an, also waren sie ebenfalls ›raus‹. Für eine genaue Schätzung wurde ein Gutachter hinzugezogen und es stellte sich heraus, dass die Kosten für das Entfernen des alten Balkens und den Einbau eines neuen Stützbalkens bei etwa 15.000 Euro lagen. Diese Ausgaben wurden akzeptiert, da zunächst nicht offensichtlich war, dass der Balken beschädigt war. Der Austausch erfolgte auf Kosten der vorherigen Eigentümer, während der vereinbarte Kaufpreis unverändert blieb. Obwohl keine Preissenkung gewährt wurde, da die Eigentümer die Reparaturkosten selbst übernahmen, konnte der zuvor festgelegte Preis immer noch erzielt werden. So endete die Geschichte.

Preisverhandlungen sind immer so eine Sache. Ich bin der Meinung, dass der Preis marktgerecht und nicht verhandelbar ist. Natürlich gibt es Ausnahmen, wenn es einen berechtigten Grund gibt, doch das ist selten der Fall. Eine defekte Steckdose oder ein fettiger Lichtschalter rechtfertigen keinen Preisnachlass von 10.000 Euro, da muss schon wirklich etwas Gravierendes vorliegen.

Oft jedoch versuchen Kaufinteressenten, den Preis um Zehntausende Euro zu drücken, ohne einen Grund dafür anzugeben. Manchmal versuchen sie es mit Erklärungen, die ich mit dem Verweis auf das Exposé entkräften kann. Und wenn der Interessent es dann weitere Male mit fadenscheinigen Argumenten probiert, frage ich oft direkt, ob er einfach nur Geld sparen möchte, ohne der Gegenseite etwas anzubieten.

An dieser Stelle muss man standhaft bleiben und nicht nachgeben, wenn es keinen berechtigten Grund gibt. Preisverhandlungen sind eine Gratwanderung, bei der Fingerspitzengefühl gefragt ist.

Teil 4: Nach dem Verkauf

Wir stehen beiden Parteien während des gesamten Prozesses zur Verfügung, begleiten Verkäufer und Käufer bei jedem Schritt und sorgen dafür, dass alle Aspekte des Verkaufsprozesses reibungslos und effizient ablaufen.

Unser Team kümmert sich auch um die administrativen Aufgaben, von der Vorbereitung der erforderlichen Unterlagen bis zur Organisation der Besichtigungen. Wir stellen sicher, dass alle rechtlichen Aspekte korrekt gehandhabt werden, einschließlich der Zusammenarbeit mit Notaren, um sicherzustellen, dass der Kaufvertrag korrekt ausgearbeitet und unterschrieben ist. Wir sind uns bewusst, dass der Verkauf einer Immobilie für viele Menschen ein bedeutender und emotionaler Prozess ist. Deshalb erwirken wir, dass sich unsere Kunden während des gesamten Prozesses wohl und gut informiert fühlen.

Im Allgemeinen dauert der gesamte Prozess vom ersten Kontakt bis zur Schlüsselübergabe in der Regel drei bis vier Monate, kann aber je nach Komplexität der Immobilie und Marktlage variieren. Während dieser Zeit stehen wir unseren Kunden stets zur Verfügung, um alle Fragen zu beantworten und Bedenken auszuräumen.

Wir sind stolz darauf, einen umfassenden und professionellen Service zu bieten, der es unseren Kunden ermöglicht, ihre Immobilie schnell und zum besten Preis zu verkaufen. Unser Ziel ist es, den Prozess für alle Beteiligten so einfach und stressfrei wie möglich zu gestalten. Dabei zeichnet sich unser Service durch klare Kommunikation und Transparenz aus. Jeder Kunde hat unterschiedliche Bedürfnisse und Wünsche, an die wir unseren Kommunikationsstil und die -frequenz anpassen, um wiederum sicherzustellen, dass alle Beteiligten jederzeit auf dem Laufenden gehalten werden.

Für Verkäufer ist es besonders wichtig, darüber informiert zu werden, wann der Notartermin stattfindet. In der Regel wünschen sie, auf dem Laufenden zu bleiben, was den Stand der Dinge, die Anzahl der Interessenten und die Termine für Besichtigungen betrifft. Auf der anderen Seite haben die Käufer meist ein dringenderes Bedürfnis nach Informationen. Sie möchten schnell über Besichtigungstermine informiert werden und alle Details zur Immobilie kennen.

Stagnation ist ein absolutes No-Go beim Verkaufsprozess. Es ist unsere Aufgabe, die Kommunikation reibungslos und effizient zu halten, sei es per E-Mail oder Telefon. Jeder Kunde hat unterschiedliche Kommunikationsvorlieben und wir stellen sicher, dass wir diese respektieren und auf die individuellen Bedürfnisse eingehen.

Ein erfolgreicher Immobilienverkauf bedeutet für uns, dass beide Parteien, Verkäufer und Käufer, zufrieden sind. Der Verkäufer hat seine Immobilie zu einem fairen Preis verkaufen können und der Käufer ist glücklich, sein neues Zuhause gefunden zu haben. Beide Parteien gehen aus dem Verkaufsprozess hervor und haben entweder ein neues Zuhause oder ein gut gefülltes Bankkonto.

Sie merken: Der Verkauf einer Immobilie ist kein Neben-projekt, sondern erfordert viel Zeit, Know-how und Enga-gement. Unser Ansatz für einen guten Immobilienverkauf basiert auf der Erkenntnis, dass sowohl der Verkäufer als auch der Käufer im Zentrum des Prozesses stehen. Nur durch konsequente Berücksichtigung ihrer individuellen Bedürfnisse und Wünsche können wir einen reibungs-losen und erfolgreichen Verkaufsprozess gewährleisten.

Gegen den Willen verkaufen

Vor über einem Jahr erhielten wir den Auftrag, ein Einfa-milienhaus zu verkaufen. Das Problem: Es lebte noch ein Mann darin, der nicht ausziehen wollte.

Bei diesem Mann handelte es sich um den Sohn der Eigen-tümerin, und die Eigentümerin hatte das Haus von ihren Eltern übertragen bekommen. Nachdem der Ehemann gestorben war, der Vater des Sohnes, war das Chaos perfekt, zumal auch eine Schwester und ein Halbbruder involviert waren.

Der Sohn, der im Haus lebte, wehrte sich gegen den Verkauf, da sein Vater zu Lebzeiten gesagt hatte, dass er das Haus eines Tages bekommen könne. Die Mutter war jedoch diejenige, die alle Kosten für das Haus trug, und die Miete, die der Sohn zahlte, deckte kaum die Ausgaben ab. Er war in einer emotionalen Blase gefangen und sah nicht die finanzielle Belastung und die Notwendigkeit, das Haus instand zu halten.

Unsere Aufgabe lag darin, mit allen Beteiligten zu sprechen und eine Lösung zu ersuchen. Leider weigerte sich der Sohn vehement, Gespräche zu führen, was die Situation erschwerte. Schließlich mussten wir juristische Schritte einleiten, da der Sohn die Mietzahlungen nicht mehr leisten konnte. Das führte zu Gerichtsverhandlungen und Spannungen innerhalb der Familie. Die Mutter litt unter dieser Situation, da sie ihren eigenen Sohn aus dem Haus bringen musste. Letztendlich endete der Fall mit einem Gerichtstitel, der besagte, dass der Sohn das Haus verlassen musste. Es hätte nicht so weit kommen müssen, wenn die Familie bereit gewesen wäre, miteinander zu reden und eine Lösung zu finden.

Leider zog sich die Angelegenheit so lange hin, dass der Immobilienmarkt inzwischen eingebrochen war. Dadurch konnten wir nicht mehr den Preis erzielen, den wir vor anderthalb Jahren hätten erzielen können. Es zeigt, wie wichtig offene Kommunikation in Familienangelegenheiten ist und wie ein neutraler Vermittler helfen kann, Konflikte beizulegen, bevor sie sich verschärfen.

Insgesamt eine lehrreiche Erfahrung, die uns gezeigt hat, dass der Verkauf von Immobilien nicht nur von den Marktbedingungen, sondern auch von menschlichen Emotionen und Beziehungen beeinflusst wird.

Eine rechtzeitige und offene Kommunikation hätte Leid und finanzielle Verluste verhindern können …

Die Auswahl des richtigen Maklers

Der Verkauf einer Immobilie ist für die meisten Menschen etwas Einmaliges und stellt neben der lebensverändernden Entscheidung auch eine emotionale Belastung dar. Wie findet man den richtigen Dienstleister, der das Ganze bestmöglich unterstützt? Woran erkennt man einen Makler, der sein Geld wert ist und exzellente Arbeit abliefert?

Ein guter Freund und ehemaliger Arbeitskollege erzählte mir, dass er einst auf der Suche nach Häusern zum Kaufen war und in Kontakt mit verschiedenen Maklern trat. Einer von ihnen hatte ihm unzureichende Informationen über ein potenzielles Kaufobjekt zur Verfügung gestellt, ein anderer verfügte nicht über die genauen Informationen zum Haus. Außerdem war unklar, wann und welche Reparaturen und Investitionen an dem Haus vorgenommen worden waren. Solche Informationen sind jedoch relevant für die Preisgestaltung. Aus meiner Sicht war es ein Fehler, auf die Informationen des Eigentümers zu vertrauen, statt sich selbst um eine ordnungsgemäße Informationsbeschaffung zu bemühen.

Zudem wies der Makler kein fundiertes Wissen über wichtige Aspekte des Hauses auf. Die Fenster, das Dach, die Elektrik, das Badezimmer und die Technik – ein Makler sollte ein fundiertes Verständnis über all diese Zusammenhänge haben und sich Hilfe suchen, wenn er bestimmte Aspekte des Hauses nicht versteht, wie zum Beispiel eine installierte Photovoltaikanlage oder Solartechnik.

Man könnte sagen: Schwarzes Schaf – und ja, vielleicht stimmt das. Ein einzelner zwischen hunderten, die ihre Arbeit ordentlich machen. Aber Sie als Verkäufer sollten beurteilen können, ob Sie jemand Kompetenten in Erwägung ziehen. In diesem Kapitel gebe ich Ihnen hilfreiche Hinweise.

Vorher ...

Zunächst empfehle ich, sich im Bekanntenkreis umzuhören oder mithilfe einer Suchmaschine in der Umgebung zu recherchieren. Erstellen Sie eine Liste mit Kandidaten.

Anschließend können Sie diese der Reihe nach auf folgende Prüfpunkte abgleichen:

Kriterium 1: Online-Reputation

Prüfen Sie die Reputation Ihrer Kandidaten. Eine erste Anlaufstelle hierfür ist Google My Business. Ein erfahrener Makler sollte dort auffindbar sein und einige Kundenrezensionen aufweisen. Diese geben Aufschluss über seine Stärken und Schwächen, basierend auf den

Erfahrungen anderer Kunden, die mit ihm in Kontakt waren oder Besichtigungen durchgeführt haben. Mit diesen Informationen erhalten Sie eine Einschätzung darüber, wie gut der Makler zu Ihnen passen könnte.

Kriterium 2: Erkennbarer Nutzen

Ein qualifizierter Immobilienmakler sollte nicht nur fachlich versiert sein, sondern auch einen erkennbaren Nutzen für seine Kunden bieten. Bei der Kontaktaufnahme mit einem Makler ist es wichtig zu wissen, welche Dienstleistungen er anbietet.

Diese Informationen können auf seiner Website oder anderweitig veröffentlicht sein, um seine Stärken zu präsentieren. Im Fokus steht der Nutzen, den der Makler sowohl für Käufer als auch Verkäufer bietet. Eine digitale Arbeitsweise mit schnellen und transparenten Prozessen ist von großer Bedeutung. Dadurch ist der Kunde stets darüber informiert, wann und von wem er kontaktiert wurde. Bei der Beauftragung eines Maklers können Sie auch explizit nach diesen Informationen fragen. Sie sollten verstehen, wie der Makler arbeitet und welche Arbeitsweise er verfolgt. Hat er strukturierte Prozesse oder wirkt es eher ›chaotisch‹?

Sie sollten seinen Nutzen erkennen können. Erstellt er Exposés, Flyer oder Bewertungen? Diese Details sollten transparent kommuniziert werden, damit Sie den Wert seiner Dienstleistungen einschätzen können.

Kriterium 3: Testimonials

Ein weiteres Merkmal sind Erfahrungsberichte (»Testimonials«) zufriedener Kunden, die in Videos über ihre Erfahrungen mit dem Makler berichten. Was von außen wie eine normale Marketingmaßnahme wirkt, bestätigt in Wahrheit die Fähigkeiten des Maklers – denn die meisten Menschen treten nicht gerne vor die Kamera. Dass er es schafft, seine Kunden von einem kurzen Webvideo-Auftritt zu überzeugen, demonstriert seine kommunikative Stärke.

Kriterium 4: Erfahrung

Ein qualifizierter Makler weist meist einige Erfahrung auf. Insbesondere bei hochwertigen Immobilien sollten Sie darauf achten, dass der Makler schon eine gewisse Zeit tätig ist, meiner Meinung nach mindestens fünf Jahre. Durch diese Erfahrung kann er schnell in spezifische Prozesse einsteigen, besitzt Marktkenntnisse und kann sein Netzwerk effektiv nutzen. Dadurch gefährden Sie Ihre Immobilie nicht durch unerfahrene Praktiken.

Kriterium 5: Alleinauftrag

Ein wesentliches Merkmal eines qualifizierten Immobilienmaklers ist die Arbeit mit Alleinaufträgen. Der Makler arbeitet also ausschließlich für Sie als Verkäufer – und es gibt keine anderen Makler parallel neben ihm. Wir hatten das weiter vorne schon besprochen, aber die Wichtigkeit dieses Aspekts kann nicht genug betont werden.

Leider versuchen manche Verkäufer, so viele Makler wie möglich zu beauftragen, was letztendlich zu Problemen führt. Wenn mehrere Makler in einer Immobilienangelegenheit involviert sind, kommt es häufig zu Besichtigungen mit drei oder sogar vier Maklern, was zu Verwirrung bei den potenziellen Käufern und sogar bei den Mietern führen kann, insbesondere bei Mehrfamilienhäusern.

Ein solches Szenario sollte vermieden werden und es ist ratsam, mit einem Makler zusammenzuarbeiten, der Alleinaufträge annimmt. Damit stellen Sie sicher, dass der Makler sich vollständig auf den Verkauf Ihrer Immobilie konzentriert und Ihnen den bestmöglichen Service bietet.

Aus meiner Sicht ist dies sogar das wichtigste Kriterium bei der Auswahl eines Maklers.

Kriterium 6: Marketing-Fähigkeiten

Wie stark engagiert sich ein Makler im Bereich des Marketings? Fragen Sie, ob der Makler für den Verkauf der Immobilie ein Marketingbudget einsetzt oder ob er möglicherweise gar kein Marketing betreibt.

Marketing kann vieles bedeuten, angefangen bei der Erstellung eines ansprechenden Exposés. Lässt er es professionell binden oder verschickt er lediglich ein PDF im DIN-A4-Format? Die Immobilienwertigkeit sollte unbedingt im Exposé zum Ausdruck kommen. Der Verkäufer möchte, dass seine Immobilie eine angemessene Wertschätzung erfährt – und diese lässt sich anhand der

Exposé-Qualität erkennen. Bitten Sie den Makler, Ihnen Beispiele von Exposés zu zeigen, die er in der Vergangenheit erstellt hat. Dadurch erhalten Sie einen Einblick in das handwerkliche Können des Maklers und sehen, ob er möglicherweise externe Unterstützung einbezieht, wie beispielsweise einen professionellen Fotografen.

Nicht jeder beherrscht das Marketinghandwerk in vollem Umfang.

Kriterium 7: Fotografie-Expertise

Immens wichtig sind hochwertige Fotos. »Das Auge isst mit.« Auch hier kommt es auf Kleinigkeiten an. Weniger gut wirken Fotos, auf denen Unschönes übersehen wird, zum Beispiel ein offener Toilettendeckel. Der Makler sollte gute fotografische Fähigkeiten besitzen oder einen auf Immobilienfotografien spezialisierten Fotografen bestellen. Schauen Sie genauer hin: War der Makler in der Vergangenheit dazu in der Lage, hochwertige Aufnahmen bereitzustellen? Hat er bereits Erfahrungen in diesem Bereich?

Mit den Fotos steht und fällt der Erfolg des Exposés, weniger gute Fotos ziehen auch weniger qualifizierte Interessenten an. Der erste Eindruck zählt und dieser wird durch die Fotos geprägt. Auch die Platzierung der Fotos muss stimmen und sofort wirken, um innerhalb kurzer Zeit potenzielle Käufer anzuziehen und einen guten Verkaufspreis zu erzielen.

Kriterium 8: Kontakte

Ein qualifizierter Makler verfügt über wertvolle Kontakte. Insbesondere in Situationen wie einer Erbengemeinschaft werden Anwälte benötigt, und ein kompetenter Notar kann eine wertvolle Unterstützung sein. Die Frage ist, ob der Makler auf solche Kontakte zurückgreifen und ob er möglicherweise kostenlose Dienstleistungen in Anspruch nehmen kann.

Dies könnte beispielsweise eine Erstberatung sein, die er dem Kunden zur Verfügung stellen kann. Bei einem Einfamilienhaus mit einer Erbengemeinschaft kann es herausfordernd sein, alle Beteiligten an einen Tisch zu bringen. Hier ist Kommunikationsgeschick seitens des Maklers gefragt. Ein gut vernetzter Makler ist in der Lage, die notwendigen Gespräche mit allen beteiligten Parteien zu führen. Er kann auf ein Netzwerk von Fachleuten wie Mediatoren, Rechtsanwälten im Miet- und Wohnungseigentumsrecht sowie Steuerberatern zurückgreifen, falls der Kunde eine steuerliche Beratung benötigt und keinen eigenen Steuerberater hat oder mit diesem nicht vollständig zufrieden ist.

Dies sind Aspekte, die bei der Auswahl eines Maklers ebenfalls berücksichtigt werden sollten. Ein Makler mit einem breiten Netzwerk und relevanten Kontakten kann sicherstellen, dass Kunden eine umfassende Betreuung erhalten und bei Bedarf auf Experten zurückgreifen können.

Die ›Vernetztheit‹ eines Maklers ist oft schon durch einen Blick auf seine Webseite zu erkennen. Viele Makler listen ihre Kooperationspartner oder verlinken diese auf ihren Webseiten, was ein erstes Indiz für ein umfangreiches Netzwerk darstellt.

Sollte diese Information online nicht verfügbar sein, können Sie diese im Erstgespräch erfragen, zum Beispiel auch, ob der Makler Erfahrungen mit spezifischen Szenarien (wie Erbschaften) hat und / oder ob er für solche Fälle spezialisierte Partner wie Mediatoren oder Notare schnell verfügbar machen kann. Durch das Stellen gezielter Fragen lässt sich auch herausfinden, wie gut der Makler aufgestellt ist und ob er überzeugende Lösungen für potenzielle Probleme anbieten kann.

Auch wenn es schwierig sein mag, direkt zu erkennen, ob ein Makler die Wahrheit sagt, geben die Transparenz seiner Webseite und sein Umgang mit spezifischen Fragen im Gespräch gute Anhaltspunkte über seine Vernetzung und Professionalität.

Kriterium 9: Verkaufen können

Als Immobilienmakler liegt unsere Hauptaufgabe im Verkauf von Immobilien. Daher sollte der Makler auch ein guter Verkäufer sein. Das erkennt man nicht auf den ersten Blick oder an äußerlichen Merkmalen, sondern an der Art der Kommunikation.

Wenn ein Makler es nicht schafft, Sie als potenziellen Kunden von seinen Dienstleistungen zu überzeugen, wird er auch Schwierigkeiten haben, die Immobilie erfolgreich zu verkaufen. Ein guter Makler reagiert auf Einwände und ist in der Lage, diese geschickt zu entkräften. Wenn Sie Bedenken oder Fragen äußern, sollte der Makler darauf eingehen und versuchen, diese zu klären. Wenn er dazu jedoch nicht in der Lage ist und keine Versuche unternimmt, Zweifel auszuräumen, ist davon auszugehen, dass er auch in Vertragsverhandlungen nicht das Beste für Sie herausholen kann. Eine erfolgreiche Platzierung einer Immobilie erfordert gute kommunikative Fähigkeiten.

Ein Makler sollte in der Lage sein, Ihnen den Nutzen seiner Dienstleistung zu vermitteln, Einwände zu behandeln und Ihnen zu erklären, was genau vor sich geht. Diese Fähigkeiten sind von großer Bedeutung, um eine Immobilie erfolgreich zu vermarkten und bestmögliche Ergebnisse zu erzielen.

Kriterium 10: Büropräsentation

Wie ein Büro gestaltet und aufgeräumt ist, kann im Unterbewusstsein der Kundschaft eine Menge ausmachen. Es geht um die Wahrnehmung der Professionalität.

In Deutschland sagt man oft: Stellt sich ein Handwerker bei Frau Müller vor und sie sieht einen alten Mercedes, dann sieht sie einen *anderen* Handwerker mit einem *neueren* Mercedes. Wer bekommt den Auftrag? Derjenige mit dem neueren Mercedes, denn unterbewusst legen wir auf solche Dinge Wert. Dies gilt auch für Dienstleistungen im Allgemeinen.

Ein Makler *ohne* schönes Büro wird nicht gut vermitteln können. Das kann ein Trugschluss sein, schließlich fängt jeder klein an. Dennoch sind Auftritt und Eindruck entscheidend. Ein Büro muss nicht zwangsläufig groß, aber es sollte *ansprechend* sein. Kann ein Makler sein Büro derart gestalten, wird er auch Ihre Immobilie entsprechend präsentieren. Sie erkennen, dass solche Details immer mit dem Verkauf zusammenhängen.

Das Büro des Maklers sollte einen guten Eindruck hinterlassen, denn dieses verkauft auch die Dienstleistung an den Kunden. Ist der erste Eindruck bereits negativ, wird es schwierig. Wenn jemand gerade erst anfängt, hat er möglicherweise noch kein Büro und arbeitet vielleicht von zu Hause aus. Das kann vorkommen.

Aber wenn Sie jemandem eine Chance geben möchten, um beispielsweise eine Wohnung zu verkaufen, können Sie sich auch an einem anderen Ort treffen und andere Aspekte prüfen. Jeder hat eine Chance und jeder fängt klein an, und das ist auch richtig so. Doch wenn es um eine höherwertige Immobilie geht, müssen Sie genau hinsehen. Letztendlich entscheidet das Bauchgefühl: Sie vertrauen dem Makler, denn er verkauft Ihre wertvolle Immobilie. Er muss den Wert auch in Ihrem Sinne verkaufen können. Ohne Vertrauen werden Sie ihm den Auftrag nicht erteilen, es kommt auf Details an.

Schätzen Sie fundiert ein, wie der Makler aufgestellt ist, welche Art von Mensch er ist und wie er sich selbst präsentiert.

Das sind die entscheidenden Faktoren, die derjenige beherrschen sollte, der Ihre Immobilie auf dem Markt platziert. Er sollte in der Lage sein, Kunden für das zu begeistern, was er anpreist. Wenn er selbst nicht daran glaubt – warum sollte es dann der Käufer tun?

Mit diesen Tipps und Ratschlägen sind Sie gerüstet, um den Immobilienmakler zu finden, der zu Ihren Bedürfnissen passt. Gehen Sie den Prozess sorgfältig an und treffen Sie eine informierte Entscheidung. Ihr Immobilienverkauf ist eine bedeutende finanzielle Transaktion und verdient Sorgfalt.

Wir freuen uns über Ihren Anruf. Unsere Erstgespräche sind kostenlos und unverbindlich.

Jetzt aber erst einmal zu dem, was misslingen kann …

Stolperfallen
und Tipps

In diesem Kapitel beleuchten wir die Widrigkeiten, die in der Zusammenarbeit mit Banken auftreten können. Außerdem lege ich Ihnen eine Methode ans Herz, mit der Sie gutes Geld sparen können.

Zu Beginn kehre ich noch mal in die frühen Tage meiner Maklerkarriere zurück und erinnere mich daran, wie ich ein Mehrfamilienhaus anbieten durfte. Es handelte sich um eines der ›sozialgebundenen‹ Objekte, die mit Geldern der NRW Bank erbaut wurden und nicht der üblichen Preisgestaltung auf dem freien Markt unterliegen. Sie sind für Menschen mit geringerem Einkommen gedacht, die Mieten sind ›kostengebunden‹ und können nicht einfach erhöht werden. Diese Erkenntnis wurde für mich zur ersten Lektion in einem Lernprozess, der im Laufe des Verkaufs noch weitere Überraschungen für mich bereithielt.

Der Besitzer des Mehrfamilienhauses war ein todkranker Mann und wohnte weit entfernt von Wuppertal. Er vertraute mir den Verkauf seiner Immobilie an und es wurde schnell klar, dass ich mit einigen Widrigkeiten zu kämpfen haben würde. Eine davon bestand darin, dass der potenzielle neue Eigentümer die soziale Bindung des Objektes durch die Ablösung des Kredits von der NRW Bank oder den öffentlichen Mitteln lösen könnte. Dies würde jedoch eine zehnjährige Übergangsfrist nach sich ziehen, während der das Haus weiterhin als Sozialbau mit Kostenmiete geführt werden müsste. Nach diesen zehn Jahren könnte das Haus dem freien Markt zugänglich gemacht und die Mieten könnten angepasst werden.

Ich fand einen Käufer, der sich für das Haus interessierte und bereit war, weitere Schritte zu gehen. Wir stießen auf das nächste Problem: Im Grundbuch waren sowohl der Verkäufer als auch der Eigentümer des Nachbarhauses verzeichnet. Diese Praxis wurde offenbar durchgeführt, um sich gegenseitig ein Vorkaufsrecht zu gewähren. Wir standen nun vor der Aufgabe, den Eigentümer des Nachbarhauses zu finden und sein Vorkaufsrecht zu klären. In diesem Zusammenhang stießen wir auf eine Reihe von Komplikationen, einschließlich eines verstorbenen Mitglieds des Aufsichtsrats einer Stiftung, die Mitspracherecht beim Verkauf des Hauses hatte. Nach Monaten gelang es uns, diese Hürden zu überwinden und den Verkauf voranzutreiben.

Als wir dachten, der Verkaufsprozess wäre nun glatt, stellte sich heraus, dass der Eigentümer die Grundpfandbriefe der Bank nicht mehr hatte, die er zur Bestätigung der Kreditablösung benötigte. Dies führte zu einem sogenannten Aufgebotsverfahren, das weitere fünf bis sechs Monate dauerte. Nach diesem Verfahren konnte der Kauf endlich abgeschlossen werden.

Diese gesamte Erfahrung lehrte mich, genauestens auf das Kleingedruckte zu achten, insbesondere im Grundbuch. Es hat sich herausgestellt, dass diese Kleinigkeiten alles andere als klein sein und tatsächlich den Unterschied zwischen einem *erfolgreichen* und einem *katastrophalen* Verkauf ausmachen können. Dieses Abenteuer wird mir in Erinnerung bleiben und hat mich auf Anhieb ein paar Jahre älter gemacht …

Widrigkeiten im Zusammenhang mit Banken

Viele Käufer sind beim Kauf einer Immobilie bequem und neigen dazu, sich auf ihre Hausbank zu verlassen. Sie scheuen den Aufwand, sich alternative Angebote von anderen Banken einzuholen. Diese Bequemlichkeit kann teuer werden.

Der Grund für dieses Verhalten liegt oft in unserer Gewohnheit und darin, dass wir uns auf vertraute Beziehungen stützen. Das böse Erwachen kommt, wenn wir nach dem Vertragsschluss vergleichen, manchmal auch zufällig. Wir wundern uns, dass wir mit einem teuren Zinssatz oder einer suboptimalen Finanzierungsstruktur konfrontiert wurden und diese nicht kritischer hinterfragt werden. Hierbei sollten wir uns bewusst sein, dass die Hausbank in erster Linie ihre eigenen Interessen vertritt und es in unserer eigenen Verantwortung liegt, unsere Interessen zu wahren.

Um bessere Finanzierungsbedingungen zu erhalten, empfehle ich allen Käufern, ihre Scheu abzulegen und die Möglichkeit zu nutzen, mehrere Banken anzufragen.

Dabei sollten sie darauf achten, keine (›harte‹) Schufa-Abfrage durchzuführen, da dies den eigenen Bonitäts-score negativ beeinflussen kann, sondern eine **Konditionsabfrage** zu stellen, bei der lediglich die möglichen Konditionen unter Berücksichtigung ihrer finanziellen Situation aufgeschlüsselt werden. Das ist wichtig, weil häufige Kreditanfragen innerhalb kurzer Zeit dazu führen können, die Bonität negativ zu beeinflussen. Banken könnten den Eindruck gewinnen, dass der Kunde sich in finanziellen Schwierigkeiten befindet, weil er viele Kreditanfragen stellt. Dies kann zu einer ungünstigen Einstufung und somit zu schlechteren Konditionen führen.

Manche Hausbanken stellen nur eine *allgemeine Finanzierungsbestätigung* aus, die oft keine spezifischen Informationen zum Objekt, zur Lage oder zum Kaufpreis enthält. Ein solches Schreiben bietet wenig Sicherheit und lässt viele Fragen offen. Um diese Hürden zu umgehen und die beste Finanzierungsoption zu finden, empfehle ich den Kunden, sich Zeit zu nehmen und den Prozess gründlich zu durchlaufen.

Ein guter Ansatz besteht darin, zwei oder drei Banken in die engere Auswahl zu nehmen und diese um maßgeschneiderte Angebote zu bitten. So können verschiedene Konditionen verglichen und eine fundierte Entscheidung kann getroffen werden.

Die Wahl der richtigen Finanzierung kann einen erheblichen Einfluss auf die zukünftige finanzielle Situation haben. Es ist deshalb unerlässlich, sich bewusst zu machen, dass Aufwand und die Bereitschaft, alternative

Optionen zu prüfen, sich in Form besserer Konditionen und langfristiger finanzieller Stabilität darstellen können.

In der Finanzierungslandschaft sind Banken gewieft und gehen bei der Kreditvergabe äußerst vorsichtig vor. Kunden sollten sich daher nicht von vagen Aussagen im Konjunktiv täuschen lassen. Nicht selten stellt eine Bank zunächst eine Finanzierungsbestätigung aus, unterstützt das Objekt aber später doch nicht. Das ist frustrierend und führt zu Verzögerungen im Kaufprozess, kann jedoch mit guter und kompetenter Planung vermieden werden. Eile ist geboten, denn Verkäufer möchten verkaufen und bevorzugen diejenigen, die eine solche Bestätigung vorweisen können. Daher ist es wichtig, bereits vor der Besichtigung eine verlässliche Finanzierungsbestätigung von der eigenen Bank einzuholen.

Zu bedenken ist auch der Beleihungswert eines Objekts. Banken prüfen, ob der Beleihungswert mit dem Kaufpreis und den Sicherheiten übereinstimmt. Ist der Wert zu hoch oder fehlt das entsprechende Eigenkapital, kann die Bank die Finanzierung ablehnen. In solchen Fällen müssen Kunden entweder zusätzliches Eigenkapital aufbringen oder sich nach einem günstigeren Objekt umsehen.

Ebenfalls wichtig zu erwähnen ist, dass Banken nach dem Kauf Gutachter entsenden, um sicherzustellen, dass das erworbene Objekt den Angaben im Exposé entspricht. Daher sollten Käufer sichergehen, dass die Beschreibung des Objekts korrekt und detailliert ist, um unangenehme Überraschungen zu vermeiden.

Die Auswahl der Bank und eine realistische Bewertung des Objekts müssen für eine erfolgreiche Finanzierung in Einklang gebracht werden. Als Käufer sollten Sie sich nicht scheuen, verschiedene Banken zu konsultieren und Angebote zu vergleichen, um die besten Konditionen zu erhalten und Widrigkeiten zu umgehen.

Widrigkeiten im Zusammenhang mit den Notarterminen

Bei einem Notartermin treffen Käufer und Verkäufer aufeinander, um den Kaufvertrag zu beurkunden. Hierbei kommt es auf eine gründliche Vorbereitung an, denn der Notar prüft das Grundbuch und weitere relevante Dokumente, um Hindernisse frühzeitig zu erkennen.

Eine häufige Herausforderung kann die korrekte Handhabung von Grundpfandbriefen sein. Diese werden ausgestellt, wenn Darlehen oder Hypotheken aufgenommen wurden und dienen als Sicherheit für den Kreditgeber.

Bei Rückzahlung sollte der Grundpfandbrief gelöscht werden. Viele Eigentümer vernachlässigen diesen Schritt jedoch, um Kosten zu sparen oder aus Unwissenheit, was zu Komplikationen führt, wenn das Haus später verkauft oder vererbt werden soll.

Es ist ratsam, die Grundpfandbriefe unverzüglich nach der Rückzahlung der Darlehen löschen zu lassen. Dadurch wird sichergestellt, dass keine hinderlichen Einträge im Grundbuch bestehen bleiben, die den Verkaufsprozess erschweren könnten.

Ein guter Notar wird die Parteien auf diese Bedeutung hinweisen und sie auffordern, die Löschungsbewilligung zeitnah beim Grundbuchamt einzureichen.

Die sorgfältige Vorbereitung und Zusammenarbeit mit einem kompetenten Notar sind daher notwendig, um potenzielle Probleme rechtzeitig zu erkennen und einen reibungslosen Ablauf beim Immobilienkauf oder -verkauf zu gewährleisten. Die Vernachlässigung solcher Details kann zu langwierigen und kostspieligen Verzögerungen führen, die vermieden werden können, wenn man sich im Voraus gut informiert und alle erforderlichen Schritte rechtzeitig erledigt.

In seltenen Fällen vergisst eine der Parteien den Termin beim Notar. Das ist unangenehm, weil sich drei weitere Parteien (der Notar, die Kaufs- oder Verkaufspartei und der Makler) Zeit genommen haben – und überhaupt sollte das nicht vorkommen, weil es meist um Beträge im sechsstelligen Bereich geht. Trotzdem gibt es auch hier die Lösung, dass dann der Notar im Auftrag des Käufers unterschreibt, sofern eine Vollmacht vorliegt, und der Käufer kann dann zu einem späteren Zeitpunkt beim Notar erscheinen, um den Vertrag endgültig zu beurkunden.

Während des Notartermins können auch weitere Sachverhalte ans Licht kommen, die vorher nicht besprochen wurden. In solchen Fällen kann der Notar schnell reagieren und die Vertragsbedingungen entsprechend anpassen.

Zum Beispiel kann eine nicht gewünschte Ausstattung wie eine Küche aus dem Kaufpreis herausgerechnet und separat behandelt werden.

Obwohl solche Widrigkeiten auftreten können, sind sie in der Regel keine unüberwindbaren Hürden. Ein erfahrener Notar kann diese Situationen in den meisten Fällen schnell und effizient klären, um die Transaktion erfolgreich abzuwickeln. Makler und Notar sollten hierbei stets offen miteinander kommunizieren.

Fazit und Ausblick

Damit sind wir am Ende unserer kurzen Reise. Ich freue mich, dass Sie mich und unsere Arbeit ein Stück begleitet haben und hoffe, dass Sie ein bisschen mehr Durchblick im Immobiliendschungel empfinden.

Wenn Sie Ihre Immobilie verkaufen möchten, sollten wir miteinander sprechen. Ein Erstgespräch ist kostenlos und unverbindlich; wir freuen uns auf Ihren Anruf. Sie erreichen uns direkt per Telefon oder, noch besser, Sie vereinbaren über unsere Website einen Rückruf:

https://oertelimmobilien.de/

Zum Schluss noch ein paar Worte zur Zukunft der Immobilienbranche. Mir scheint, als würde die Geschwindigkeit in diesem ohnehin schnelllebigen Markt weiter anwachsen. Dies wird den Konkurrenzdruck erhöhen, der es privaten Verkäufern noch schwerer machen wird. Diese werden feststellen, dass die Erstellung eines Exposés, die Organisation von Besichtigungen, die Beantwortung von Anfragen und die Durchführung von Telefonaten viel Zeit in Anspruch nehmen und technische

Details wie Aspekte des Grundbuchs, die möglicherweise Unterstützung von einem Netzwerk von Fachleuten erfordern, hinzukommen können. Auf all das kann ein guter Makler zugreifen. Er kann Experten, Notare und Erbrechtsanwälte konsultieren, ohne direkt zusätzliche Kosten zu verursachen.

Überhaupt durchläuft der Immobilienmarkt gerade eine bedeutende Veränderung. Die Preise haben sich seit 2020/21 stark verändert und wir befinden uns inmitten der 2020er-Jahre. Es ist an der Zeit, zu verkaufen. Makler und private Verkäufer müssen sich anpassen. Es genügt heutzutage nicht mehr, eine Immobilie einfach nur aufzulisten, Sie müssen einen Vertriebsansatz wählen.

Unter der Haube wird sich ebenfalls einiges tun. In Bezug auf die wachsenden energetischen Anforderungen werden viele Immobilien auf den Markt kommen, die energetische Sanierungen erfordern. Einige Verkäufer werden sich damit überfordert fühlen und ihre Immobilien verkaufen, um die Verantwortung abzugeben. Weiterhin gibt es Menschen, die Immobilien auf dem Höhepunkt des niedrigen Zinsumfeldes finanziert haben und jetzt mit höheren Zinsen konfrontiert und infolgedessen gezwungen sind, ihre Immobilien zu veräußern, weil sie die höheren Raten nicht mehr bewältigen können.

Die Energieeffizienz wird ebenfalls eine Schlüsselrolle spielen. Uns allen sitzen die Debatten um die Novelle des Gebäudeenergiegesetzes aus dem Frühjahr 2023 noch in den Knochen. Weiterhin ist nicht gänzlich geklärt, welche Maßnahmen umgesetzt werden.

Wärmepumpen scheinen die Nase vorn zu haben, was sich aber über die Dauer der Zeit wieder verschieben kann.

Ebenfalls wird der Einsatz von erneuerbaren Energien in der Gebäudeindustrie zunehmen, und Hersteller müssen Lösungen finden, um diese Technologien effizient in bestehende Gebäude zu integrieren. Beispielsweise könnte eine Einfamilienhausbesitzerin eine Photovoltaikanlage mit einer Wärmepumpe kombinieren, um die Energieeffizienz zu erhöhen und die Kosten für Strom, Beton und Gas zu senken.

Die Zukunft des Immobilienmarktes ist ungewiss und die Dynamik kann sich je nach politischen Entscheidungen und technologischen Fortschritten ändern. Sie sind gut gewappnet, wenn Sie proaktiv vor die Wellen treten und sich mit einem Experten an Ihrer Seite jeweils an die verändernden Marktbedingungen anpassen, um den besten Wert aus ihren Transaktionen zu erzielen.

Es war mir eine Freude, mein Wissen mit Ihnen teilen zu können. Die Immobilienbranche ist komplex und mit vielen anderen Teilen unserer Wirtschaft verwoben. Wir sind gerne für Sie da, wenn Sie Fragen haben.

Ihr

Sascha Oertel
und das Team von Oertel Immobilien

OERTELIMMOBILIEN
AUF GUTEM GRUND

Ihr Wohlfühlmakler für Senioren

Als Wohlfühlmakler für Senioren sind wir nicht nur Ihre Experten im Immobilienmarkt, sondern vor allem Ihre einfühlsamen Begleiter in dieser lebensverändernden Phase.

Kontaktieren Sie uns noch heute!

Ein erstes Gespräch ist immer kostenlos und bleibt unverbindlich. Mit Sicherheit können wir Ihnen helfen.

So erreichen Sie uns:

Website: www.oertelimmobilien.de
E-Mail: info@oertelimmobilien.de
Telefon: +49 (0)202 946 949 00

Linkedin: www.linkedin.com / in / sascha-oertel-417030a1
Instagram: www.instagram.com / oertelimmobilien

MIX

Papier | Fördert
gute Waldnutzung

FSC® C083411

Zeitfracht Medien GmbH
Ferdinand-Jühlke-Straße 7
99095 Erfurt, Deutschland
produktsicherheit@kolibri360.de